A Prediction Study on Major Breakthroughs in Energy and Power Technology

能源电力科技重大突破预判研究报告

主　编　张　斌
副主编　刘明义　王晓龙　朱　勇

中国电力出版社
CHINA ELECTRIC POWER PRESS

图书在版编目（CIP）数据

能源电力科技重大突破预判研究报告/张斌主编．—北京：中国电力出版社，2023.4

ISBN 978-7-5198-7332-5

Ⅰ.①能… Ⅱ.①张… Ⅲ.①能源工业—研究报告—中国－2021-2025②电力工业－研究报告－中国－2021-2025 Ⅳ.①F426.2②F426.61

中国版本图书馆 CIP 数据核字（2022）第 241461 号

出版发行：中国电力出版社

地　　址：北京市东城区北京站西街 19 号（邮政编码 100005）

网　　址：http：//www.cepp.sgcc.com.cn

责任编辑：赵鸣志（010-63412385）

责任校对：黄　蓓　朱丽芳

装帧设计：赵姗姗

责任印制：吴　迪

印　　刷：三河市万龙印装有限公司

版　　次：2023 年 4 月第一版

印　　次：2023 年 4 月北京第一次印刷

开　　本：787 毫米×1092 毫米　16 开本

印　　张：7.25

字　　数：114 千字

印　　数：0001—1000 册

定　　价：58.00 元

编 委 会

主　编　张　斌

副主编　刘明义　王晓龙　朱　勇

参　编（按姓氏笔画排序）

王　会　王建星　王焕君　田鸿翔

司纪朋　刘　蓉　刘　鑫　刘承皓

孙　悦　张　畅　张　衡　张小锋

陈雄飞　武华慧　郑棹方　赵志国

赵珈卉　钟　迪　秦　晔　秦校军

桂　原　栗　楠　高　丹　郭东方

郭雨桐　彭文博

前言

2021年3月，习近平总书记在中央财经委员会第九次会议上指出“要着力提高利用效能，实施可再生能源替代行动，深化电力体制改革，构建以新能源为主体的新型电力系统”。在技术上，构建新型电力系统真正意义进入了国际的“无人区”，需要找准中远期有望实现重大突破、助力新型电力系统构建的重要方向，尽快进行技术与产业的研发部署。

近年，华能集团提出“开启二次创业新征程”的发展新要求，全力打造新能源、核电、水电三大支撑点，“十四五”期间将重点在风电、光伏等新能源方向发力，打造原创技术策源地，争当产业链链长，发挥央企引领作用。结合华能集团已有技术产业基础，梳理在新能源及相关方面潜在的重大突破，预判产业发展趋势，提出产业化发展思路与保障措施，为华能集团实现“领跑中国电力、争创世界一流”战略愿景，为发电领域相关企业在“十四五”乃至“十五五”期间奋力构建新型电力系统伟大工程建设提供重要参考。

通过本书编写者的研究，结论如下：

首先，以构建低碳绿色新一代能源系统为核心的能源转型已成为全球能源发展方向，到2035年，我国可再生能源将实现高效率规模化发展；储能系统效率不断提升，将达到世界领先水平；氢能实现全产业链贯通及终端应用产业化；核能及配套的先进核燃料循环核心关键技术取得重大突破；燃煤发电及超低排放技术进入整体国际领先；建成满足高比例可再生能源友好并网和大规模输送的现代电网体系；建成全面支撑可再生能源低成本多样化利用的综合能源系统；能源技术实现数字化、智能化、标准化。

其次，为支撑我国2030年风电、光伏总装机将达到12亿kW以上，实现发电央企清洁能源装机占比超50%的宏伟目标，发电央企可充分发挥在风电、光伏、储能、氢能、CCUS、综合能源等多个方面的技术积累与产品布局优势，由科技项目、应用市场为相关先进技术培育、孵化提供保障，以期在“十四五”期间得到重大突破，同时积极探索商业化路径，逐渐从技术走向产品、从产品走向产业，勇当产业链链长。

最后，为实现重点技术、产业的突破，需要发电央企从科技政策、市场机制、金融资本等方面提供支撑。一是建议各发电央企尽快构建科技创新体系、产品创新体系、开放合作体系、知识产权标准体系和科研人才发展体系；二是建议加强发电央企市场支持力度、探索体制机制改革；三是建议坚持“科技引领，金融支持”的发展原则，搭建专业化、市场化运营平台。

本书第一章为能源电力科技领域发展现状与2035年发展趋势研判，由高丹、张衡负责资料整理与撰写；第二章为能源电力科技发展重点方向及可能出现的重大突破预判，由刘鑫（风电）、郭雨桐（风电）、赵志国（光伏）、彭文博（光伏）、田鸿翔（光伏）、秦校军（光伏）、陈雄飞（光伏）、王建星（储能）、刘承皓（储能）、赵珈卉（储能）、孙悦（储能）、张畅（氢能）、郭东方（CCUS）、刘蓉（CCUS）、郑棹方（CCUS）、王焕君（CCUS）、钟迪（综合能源）、王会（综合能源）等负责资料整理与撰写；第三章为保障实现技术与产业突破相关建议，由张小锋、秦晔、司纪朋、栗楠、桂原等负责资料整理与撰写。全书由朱勇负责统稿校正。本书中相关英文资料由武华慧翻译整理。

编　者

2022年11月

目录

引言

2020 年 9 月，习近平总书记在第七十五届联合国大会一般性辩论上郑重承诺，“中国将提高国家自主贡献力度，采取更加有力的政策和措施，二氧化碳排放力争于 2030 年前达到峰值，努力争取 2060 年前实现碳中和”。为了实现碳达峰和碳中和目标，我们必须着力提高利用效能，实施可再生能源替代行动，深化电力体制改革，构建新型电力系统。构建新型电力系统，是实现我国能源清洁低碳转型和“30 · 60”碳中和气候应对目标的必由之路。

在技术上，构建新型电力系统是在真正意义上进入了国际的“无人区”，不仅要有攻克“卡脖子”重大基础理论与关键核心技术的研发能力，更要有审时度势、看准技术产业发展方向的战略眼光。对于电力行业而言，就是要找准有望实现重大突破、助力新型电力系统构建的重要方向，尽快进行技术与产业的研发部署。

基于上述背景与目的，本书编写团队对能源电力关键技术产业进行梳理，聚焦以风电、光伏为主的新能源，以及储能、氢能等支撑产业，寻找可能存在的重大技术突破方向。同时，结合华能集团自身发展需求，从突破性技术、产品、产业化发展布局上，层层剖析，为企业发展提出建议。此外，为支撑突破性技术从实验室走向市场，还从国家到发电央企、从科技到金融等多个层面，提出保障建议。

第一章

能源电力科技领域发展现状与 2035 年发展趋势研判

当前，世界能源格局正在进行深刻调整，新一轮能源转型正在蓬勃发展。从现在到2035年，是世界能源发展战略调整期，也是我国能源体系的转型期。随着大规模可再生能源、清洁高效煤炭、安全先进核能等一大批新兴能源技术的出现和兴起，传统能源格局开始得到改变，我国能源领域进入了“化石能源清洁化、清洁能源规模化、多种能源综合化”的新格局，准确把握世界和我国能源发展趋势至关重要。

第一节　国内外能源电力科技发展现状与需求

一、世界能源电力科技发展现状和趋势

人类文明的每一次重大进步都伴随着能源的重要变革。随着社会经济的发展，在能源利用总量不断增长的同时，能源结构也在不断变化。据统计，2010—2021年，全球一次能源结构整体变化趋势为石油（占比从33.6%到31.0%）和煤炭（占比从29.6%到26.9%）份额下降，天然气份额提高（占比从23.8%到24.4%），非化石能源份额迅速上升（占地从13.0%到17.7%）。

抢占能源技术领域的制高点，一直是世界工业发达国家间科技与经济实力比拼的核心区域，特别是能源开发利用、装备制造等交叉领域的高技术竞争，被认为是最重要的国家安全和技术创新实力的体现。21世纪以来，世界科技发展呈现交叉融合的态势，不同技术领域的高度交叉和深度融合不仅为解决能源问题提供了重要的新思路、新方法，更成为引发新一轮能源革命的关键因素。

（一）煤炭发电

在国际上煤炭利用的主要方式是用于发电。在发达国家，电煤占煤炭利用总量的比例超过80%。近年来，日本等重视燃煤发电的国家都在为实现发电净效率大于50%的目标努力，发展趋势是研发更高参数发电技术与新型动力系统、高灵活性与多能互补发电技术、智能发电技术，以期实现燃煤发电的低碳、安全、高效和灵活智能。

在超高参数超超临界燃煤发电方面，美、欧、日等相继开展了700℃发电技术研究，已完成部分700℃锅炉部件验证。由于煤炭政策和技术原因，

欧洲的相关研究已停止。

在新型高效低碳燃煤发电系统方面，美、欧、日等均在整体煤气化联合循环（IGCC）之后，进一步开发出包括整体煤气化燃料电池发电（IGFC）、超临界 CO_2 循环发电以及 ALLAM 循环在内的新型先进循环系统，旨在同时实现煤电的高效和低碳发电，目前均处于试验阶段。

在灵活智能发电方面，丹麦、德国等国家部分供热机组的电负荷最低出力可以降至额定负荷的 20%～40%。欧洲和美国燃煤锅炉生物质掺烧比例可以达 20%～50%，装机容量为 50 万～70 万 kW。

（二）碳捕集利用与封存

碳捕集利用与封存（CCUS）可实现化石能源大规模低碳利用，有效降低 CO_2 排放。碳捕集技术主要有基于 IGCC 的燃烧前捕集、富氧燃烧捕集、燃烧后捕集和化工过程捕集。利用封存技术主要有地质利用与封存、化工利用、生物利用三大类 20 多种技术，具体技术链如图 1-1 所示。

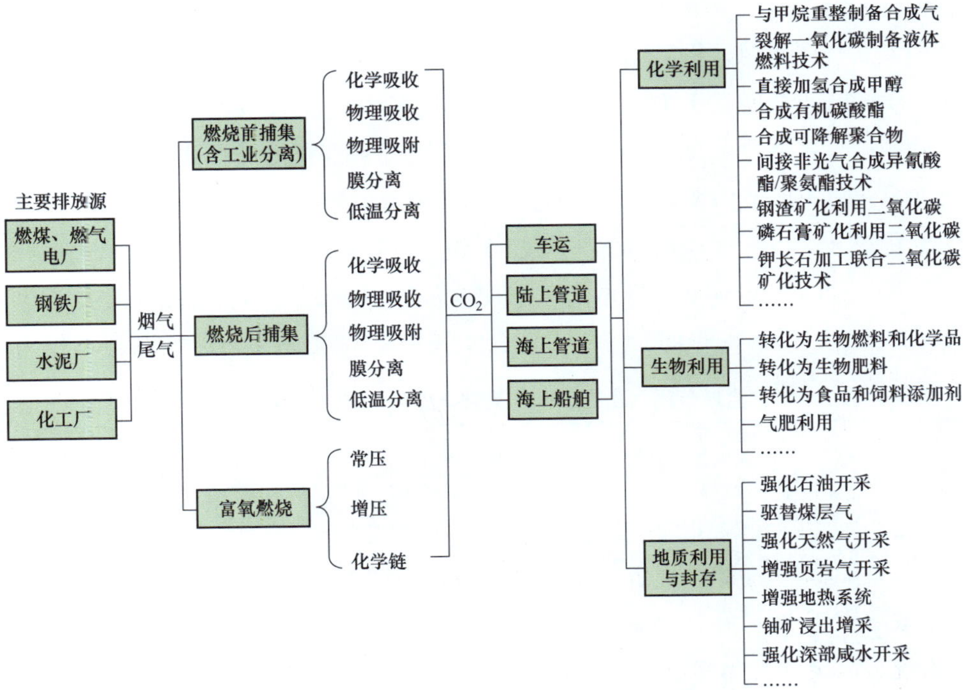

图 1-1　CCUS 技术链

近年来，国内外 CCUS 技术推广取得显著进展，主要表现为政府支持结合私有投资开展 CCUS 技术研发和年处理能力达百万吨级以上的大规模工程示范，加拿大和美国在此领域处于主导地位。2014 年 10 月，世界首个燃煤电厂 100 万 t/a CO_2 捕集项目——加拿大 SaskPower 公司边界大坝项目正式投运，该项目每年可以捕集 CO_2 约 100 万 t，捕集效率约为 90%，捕集的 CO_2 经脱水后纯度可达 99%，碳排放指标由 1100g/kWh 降至 120g/kWh，同时 SO_2、NO_x、PM_{10} 和 $PM_{2.5}$ 等污染物达到超净排放。该项目自投运以来，已累计捕集 CO_2 415 万 t。2017 年 1 月，世界最大的燃煤电厂 CO_2 捕集工程——美国佩特拉·诺瓦（Petra Nova）项目正式启动运营，设计规模 140 万 t/a，CO_2 捕集效率在 90%以上，捕集 CO_2 蒸汽耗量平均为 1.09t/t CO_2，每吨 CO_2 捕集综合成本为 55～60 美元。截至 2020 年底，美国拥有 12 个大型 CCUS 项目，每年捕集超过 3000 万 t CO_2。美国政府还加紧了对 CCUS 技术的支持，2020 年 4 月，美国能源部宣布了 9 项关于 CO_2 捕集的开发和工程设计项目，直接资助金额达 1.31 亿美元，包括 4 个燃气电厂、2 个燃煤电厂，以及 3 项新技术的工程化设计。2020 年，美国的 Kiewit 公司、三菱重工（MHI）和 Sargent& Lundy 公司发布合作声明，将共同在位于伊利诺伊州的 Prairie State Generating Station 燃气电厂开展 CO_2 捕集改造项目，在现有 2 台 80 万 kW 燃气基荷电厂的设施基础上，建设 1 套能够捕集该燃气电厂 95% CO_2 的碳捕集设施，争取达到净零排放，将成为世界上最大的燃烧后碳捕集设施。

截至 2021 年，国际上大规模 CCUS 设施计划中的项目共有 135 个，其中 2 个暂停。2021 年的前 9 个月新增了 71 个项目，删掉 1 个停止的项目，具体见表 1-1 与表 1-2。

表 1-1　全球范围内正在运行的大型全流程 CCUS 项目清单

序号	工程名称	国家	CCUS 类型	捕集规模 ($\times10^6$t/a)	CO_2 来源	开始运行时间
1	Val Verde Natural Gas Plants	美国	驱油	1.3	天然气加工	1972
2	Enid Fertilizer CO_2-EOR Project	美国	驱油	0.7	化肥生产	1982
3	Shute Creek Gas Processing Facility	美国	驱油	7.0	天然气加工	1986
4	Sleipner CO_2 Storage Project	挪威	地质储存	0.9	天然气加工	1996
5	Great Plains Synfuel Plant and Weyburn-Midale Project	加拿大	驱油	3.0	合成气	2000
6	In Salah CO_2 Storage（暂停）	阿尔及利亚	地质储存	1.0/0.0	天然气加工	2004
7	Snohvit CO_2 Storage Project	挪威	地质储存	0.7	天然气加工	2008

续表

序号	工程名称	国家	CCUS 类型	捕集规模 ($\times 10^6$ t/a)	CO_2 来源	开始运行时间
8	Century Plant	美国	驱油	8.4	天然气加工	2010
9	Air Products Steam Methane Reformer EOR	美国	驱油	1.0	制氢	2013
10	Coffeyville Gasification Plant	美国	驱油	1.0	化肥生产	2013
11	Lost Cabin Gas Plant	美国	驱油	0.9	天然气加工	2013
12	Petrobras Lula Oil Field CCS Project	巴西	驱油	0.7	天然气加工	2013
13	Boundary Dam Carbon Capture and Storage Project	加拿大	驱油	1.0	电厂	2014
14	Quest	加拿大	地质储存	1.0	制氢	2015
15	Uthmaniyah CO_2 EOR Demonstration Project	沙特	驱油	0.8	天然气加工	2015
16	Abu Dhabi CCS Project	阿联酋	驱油	0.8	钢铁生产	2016
17	Petra Nova Carbon Capture Project	美国	驱油	1.4	电厂	2016
18	Illinois Industrial Carbon Capture and Storage Project	美国	地质储存	1.0	化工	2018
19	Gorgon Carbon Dioxide Injection	澳大利亚	地质储存	4.0	天然气生产	2019
20	Qatar LNG CCS	卡塔尔	地质储存	1.0	天然气生产	2019
21	Alberta Carbon Trunk Line (ACTL) with Nutrien CO_2 Stream	加拿大	驱油	0.3	化肥生产	2020
22	Alberta Carbon Trunk Line (ACTL) with North West Redwater Partnership's Sturgeon Refinery CO_2 Stream	加拿大	驱油	1.4	化工	2020

表 1-2 在建的国内外大型全流程 CCUS 项目清单

序号	项目名称	国家	CCUS 类型	捕集规模 ($\times 10^6$ t/a)	CO_2 来源	开始运行时间
1	延长联合碳捕集与封存示范项目	中国	驱油	0.41	化工	2020—2030
2	中石化齐鲁石化 CCS	中国	地质储存	1.0	化工	2020—2021
3	Norcem Brevik · Cement plant	挪威	水泥制造	0.4	化工	2024
4	The ZEROS Project	美国	驱油	1.5	发电	2023
5	Shell Refinery Rotterdam CCS	荷兰	制氢	1.4	化工	2024

目前，在建项目和运行中项目的年 CO_2 捕集和永久封存能力达到11100万t。国内外CCUS建设项目共106个，均处于开发阶段。此外，还有27个试点和示范规模设施（处于运行中或即将试运）以及2个CCUS技术设施暂停运行。

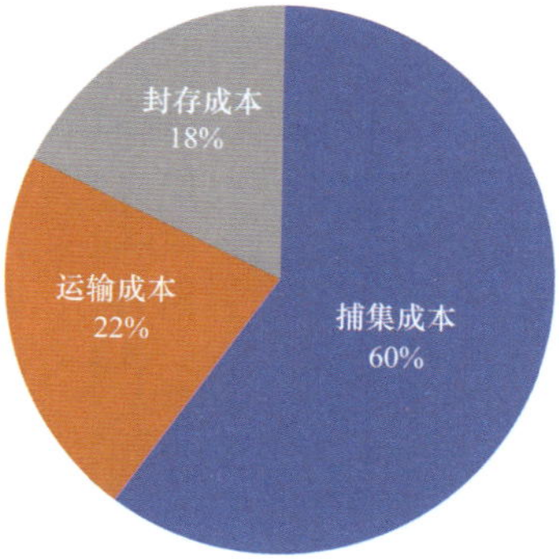

图1-2　典型CCUS项目的成本构成

成本问题是限制CCUS技术发展的主要障碍，典型CCUS项目各环节成本构如图1-2所示。其中，捕集成本占整个CCUS项目成本的60%，是整个环节中能耗和成本最高的部分。

目前，低浓度 CO_2 的捕集成本约300～900元/t，罐车运输成本约0.9～1.4元/（t·km）。我国CCUS技术整体处于工业示范阶段，但是现有示范项目规模较小，缺乏大规模全流程CCUS工业示范。2019年以来，中海油丽水36-1气田开展 CO_2 分离、液化及制取干冰项目，其捕集规模5万t/a，产能25万t/a，CO_2 回收利用单位能耗为160kW/t CO_2。2021年，国能锦界公司燃煤电厂15万t/a CCUS示范工程通过168h试运行，CO_2 捕集效率大于90%，捕集的 CO_2 浓度超过99%，是目前国内规模最大的燃煤电厂CCUS示范项目。尽管目前CCUS技术能耗和成本较高，但国内CCUS各技术环节均取得较大进展，显示出巨大的应用潜力。

国际能源署（IEA）预计，随着CCUS技术的不断迭代，在未来10～20年间碳捕集成本将下降30%～50%。预计到2030年，我国全流程CCUS（按250km运输计）技术成本为310～770元/t，到2060年，将逐步降至140～410元/t。

（三）可再生能源

1. 风能

国外风能发电产业发展较早，技术相对成熟且不断创新，使其发电成本不断下降，成为目前应用规模最大的可再生能源发电方式。国际上，诸多科研机构、公司围绕风电的基础研究、共性技术研发和公共技术研发服务方面开展了大量工作，风力发电技术呈现出大型化、智能化、高效化、高可靠等发展趋势，风电开发利用的经济性将显著提升。

截至2021年底，全球风电总装机容量达到8.3亿kW，比2020年增长12%。其中，2021年全球新增风电装机容量为9311万kW，比2020年减少18.7%，如图1-3所示。陆上风电累计装机容量超过7.7亿kW，2021年陆上风电新装机容量达到7179万kW，同比减少45.5%；海上风电累计装机达5568万kW，2021年海上风电新增装机容量为2132万kW。

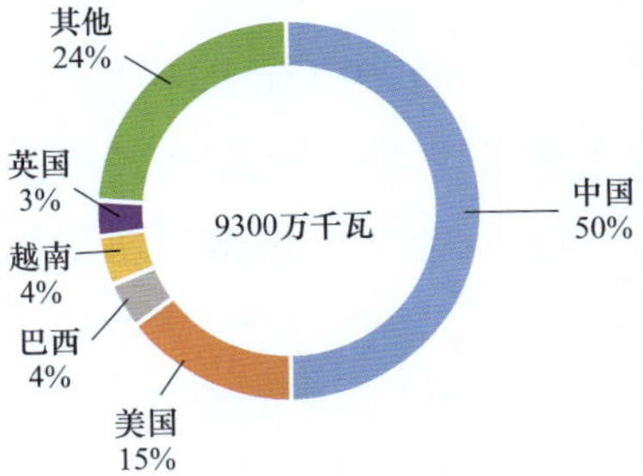

图1-3　2020年新增风电装机容量及各国占比

就陆上风电而言，2021年新增装机主要来自世界上最大的两个风力发电国家（中国和美国）的显著增长。2021年中国新增的陆上风电装机容量为2946万kW，陆上风电装机总量超过3亿kW。美国2021年新增风电装机容量达到1400万kW投产，总装机容量超过1.3亿kW。前五大陆上风电新增装机国家除了中国和美国，还包括巴西（396万kW）、越南（270万kW）和英国（210万kW）。

在海上风电方面，中国每年新增海上风电装机容量连续第四年居世界首位，2021年新增海上风电装机容量超过1740万kW。欧洲占据剩余新增装机容量的大部分，其中以英国为首，英国在2021年安装了近231万kW的海上风电，成为2021年海上风电新增装机第二多的国家。越南位于第三（89.5万kW）。丹麦和美国海上风电装机分别新增60.5万kW和1.3万kW，成为2021年新增量排名第四和第五的国家。目前，中国已超过英国，成为世界第一大海上风电国家，装机容量为2639万kW。

对于欧盟来说，由于陆地面积较少，海上风电的发展需求十分迫切。风力发电装机容量超过1.8亿kW（海上风电1510万kW），超过燃煤发电装机容量，成为欧洲排名第二的电源。为助力欧盟实现2050年碳中和目标，欧盟委员会发布的《海上可再生能源战略》提出到2030年海上风电装机容量从当前的1200万kW提高至6000万kW以上，到2050年进一步提高到3亿kW。2050年欧洲海上风电的价格将降至0.05欧元/kWh（约合人民币0.38元/kWh）以下。为此，到2030年，配套的海底输电线路需要每年增加投资80亿欧元（约合人民币610亿元），陆地电网的年投资将达100亿～500亿欧元（约合人民币760亿～3800亿元）。

美国为推动海上风电行业发展，助力解决气候危机并创造就业机会，计划到2030年将安装3000万kW海上风电机组，该目标将推动美国到2050年建成1.1亿kW海上风电机组。为了顺利实现这个目标，美国能源部将大力推进风能技术研发，包括能降低固定式和浮动式海上风电成本的技术，如基础结构、运营维护系统、创新安全系统和输电硬件技术等，以及减轻电网系统影响的创新方法或策略。

根据2021年日本第28届可再生能源大批量引进与下一代电力网络小组委员会报告的风力发电建设2030年规划方案，到2030年将实现海上风电装机1000万kW，陆上风电将实现装机1800万～2600万kW。为实现平均每年100万kW的装机量并将发电价格降至8～9日元/kWh（约合人民币0.47～0.53元/kWh[1]）的目标，日本需要建设更多的风电机组制造厂。由于日本现在的风电制造能力不足，其同一时段内提出海上风电产业计划，以期通过与其他国家合作，招商引资，研究单机功率10MW以上的风机，争取到2040年装机达到5.6亿kW的海上风电市场。

2. 太阳能

截至2021年底，全球累计光伏装机8.4亿kW。有14个国家和地区的累计装机容量超过1000万kW，有5个国家和地区的累计装机容量超过4000万kW。其中，排名第一的中国累计光伏装机3亿kW；其次为欧盟，累计达1.5亿kW；美国排名第三，装机量为9371万kW；日本排名第四，装机量为7419万kW。2021年，在新增光伏容量方面，有14个国家和地区超过了100万kW。其中，中国、欧盟和美国分别以5488万kW、2140万kW和1990万kW的规模位列全球前三。在光伏市场方面，主要增长来自中国、印度，部分来自欧盟和美国。2021年全球光伏年度装机与累计装机容量前十位具体数据见表1-3。

[1] 计算汇率为：1日元=0.05889人民币，1欧元=7.6183人民币，1美元=6.4809人民币。

表1-3 2021年全球光伏年度装机与累计装机容量前十位 万kW

年度装机容量			累计装机容量		
1	中国	5488	1	中国	30640
2	美国	1990	2	美国	9371
3	印度	1030	3	日本	7419
4	巴西	517	4	德国	5846
5	德国	474	5	印度	4934
6	日本	443	6	意大利	2269
7	韩国	358	7	澳大利亚	1907
8	西班牙	336	8	韩国	1816
9	荷兰	330	9	越南	1666
10	法国	269	10	法国	1471

光伏发电已上升为世界各主要经济体实现能源转型战略的重要支撑。目前，光伏发电研究的重点为晶硅电池、化合物半导体电池、薄膜电池和钙钛矿电池等的改良与应用。其中，化合物半导体电池效率高，能耐受高辐射等恶劣条件的影响，但价格高昂，且其原料有毒。发展薄膜电池技术的主要目的在于降低耗费原料量，然而目前其成本与晶硅电池相比不具有竞争力，且晶硅电池也在改进技术，降低厚度，从而降低所耗原料量。钙钛矿电池作为未来降本增效的热点，为世界各国所广泛研究，然而其稳定性有待改进，目前处于由实验室研究向工业化发展的过渡阶段，尚未进行大规模工业化应用。

目前，技术最成熟、应用最为广泛的为晶硅电池，绝大多数已安装的光伏发电项目均使用晶硅电池。各厂商不断通过技术改进提升晶硅电池效率，降低耗能。其中钝化接触电池（TOPCon）技术优点为理论光电转换效率极高，达到28.7%，已经逼近晶硅极限（29.43%），量产平均效率为24%，高于三流电池产品，且对生产线要求不高，前期投资友好。然而该技术良品率较低，生产成本高，生产工艺未定型且较为复杂。异质结（HJT）技术平均光电转换效率在24%左右，高于PERC电池，该技术对原材料要求高，加工工艺复杂，导致生产成本过高。叉指式背接触（IBC）技术光电转换效率最高，在技术研发早期光电转换效率已超过25%，然而其生产工艺非常复杂，加工成本极高，生产设备昂贵。经过技术升级后，各种晶硅电池的效率屡创新高，2021年6月，隆基公司宣布研发的N型TOPCon电池、P型

TOPCon电池、HJT电池转换效率分别达到25.21%、25.02%和25.26%。随后，晶科公司也宣布大面积N型单晶硅单结电池效率达25.25%，再次刷新世界纪录。就市场占比而言，2021年随着发射极钝化背接触（PERC）电池片新建产能逐步落地，其市场占比提升至91%；N型电池（主要为HJT电池和TOPCon电池）由于成本问题，生产规模与用量仍然有限，目前市场占比约为3%，较2020年基本持平。

除了电池片技术，电池片规格也是光伏发展的重要一环，电池规格的大尺寸化成为发展的必然趋势。156.75mm与158.75mm规格正被快速淘汰，166mm成为主流，182mm和210mm产能也在持续提升，快速进入市场。据中国光伏协会预测，210mm规格将可能在2025年前后逐步成为市场主流。

电池经过封装后形成光伏组件，是光伏发电系统的重要组成之一。统计显示，光伏组件大约占光伏电站总投资的49%，逆变器及其他电气设备大约占10%，电缆和支架各占大约10%。封装的工艺主要包括半片、叠瓦、叠焊、拼焊等。上述工艺中，半片技术应用最为广泛，以简单的切片技术降低了组件的输出损耗，提高了输出功率，且该技术专利限制少，因而为各厂商广泛应用。另一重要的提高单位面积电池组件功率的叠瓦封装技术的专利则主要由中环掌握，专利限制较大。受限于光伏玻璃及胶膜的生产研发，单个组件的版型主要采用单一组件封装60、72或是78片电池片。

光伏系统还包括逆变器和支架。目前逆变器产品主要分为四类，即集中式、组串式、集散式及微型逆变器。集中式适用于大型地面、水面、工商业屋顶（500～3400kW），组串式适用于小型分布式和地面站-工商业屋顶、复杂山丘（20～300kW）、户用（20kW以下），微型适用于单体容量一般在1kW以下装机容量电站。受光伏电站类型的影响，目前组串式逆变器为应用主流，占比超过60%。对于支架的选择，受组件尺寸增大的影响，各厂商均通过理论模拟和风洞实验改进支架抗压能力。市场上除了常见的固定支架，跟踪支架的出货量也在增加，预计2025年前后占据市场份额的25%，其中以单轴追踪支架的应用相对较多。各厂商主要采用多点驱动跟踪方式，并辅以大风保护和智能跟踪算法提升支架系统安全性和电站发电量。

随着技术的不断进步和产量的不断攀升，在"30·60"背景下，光伏系统应用方式不断增多，应用范围不断扩大，光伏系统能效比持续提升。就集中式光伏电站而言，大方阵设计逐渐将原有1000V方案改为1500V方案，直流侧电压升高后逆变器密度得以提高，单体功率增大，进而提高经济性，且交流侧变压器等设备投资也会下降。这些优点还会进一步减少逆变器、变压器设备用量，电站内高压线路里程减少，线缆和施工成本降低，安装维护成本同时降低，进一步降低电站投资运维成本。数据显示，大方阵设计方案将使电站线损下降约0.38%，电站投资下降约0.05元/W。2020年大型光伏电站约70%采用1500V方案。未来，厂商计划将光伏电站电压等级逐步提高至2000V，进一步实现降本增效。集中式光伏电站可在太阳能资源丰富的地区以大型主力电站的角色，配合输配电与储能系统，起到电网稳定压舱石的作用；还可用于废弃矿场、沙漠、草原等地带，一举多得地实现光伏等清洁能源与生态环境恢复、畜牧农业同步发展。除了集中式光伏，分布式光伏能够充分利用分散又广阔的屋顶、空地、废弃的空闲场地，成为未来光伏等清洁能源装机增量的重要方向。虽然分布式光伏利用方式的提出已有多年，但受市场监管力度不足及商业模式不规范的影响，直到“整县推进分布式光伏”政策下达后才得以蓬勃发展。未来，分布式光伏可大规模铺设于屋顶，满足一定量工商业、居民用电。此外，还可与大棚、鱼塘及牧场等农业用地有机结合，实现农业、畜牧业和清洁发电产业的共同发展。

尽管光伏发电已是成本最低的发电技术之一，但仍有很大的成本下降空间，需要继续削减成本，进一步提高竞争力。在光伏发电发展趋势中，电池转换效率、组件模式和尺寸、追踪系统和光伏创新应用等方面均有很大的提升空间。目前，单晶硅在太阳能市场占据主导地位，市场份额约为80%，多晶硅只占20%市场份额，预计未来会继续缩减。由于具有最佳的性价比，PERC电池成为当前光伏市场的首选，预计PERC电池转换效率将达到极限，目前还没有明确的提升途径。由于最终效率潜力更高，钝化接触电池（TOP-Con）可能成为继PERC之后的高效太阳能电池技术。异质结电池（HJT）是迄今为止晶硅电池中效率最高的电池，预计2025年前后量产效率可达25%以上，并进入商业化阶段。目前，由于HJT主要设备与耗材依赖进口，对原材料的要求高，导致其设备与生产成本高，实际产能比较低，未来在国产研发替代后成本可显著降低，成为未来光伏电池装机的重要一极。

串联电池是未来发展的重点方向之一，目前看来，最有希望的候选材料是c-Si/钙钛矿串联电池结构，将多种电池结合，利用其对不同光谱的吸收特性不同实现分光利用，实现光电效率的稳步提升。关于组件，双面发电组件利用其背面也可进行光电转换的特性，吸收转换反射到背面的光线，提高了组件发电量，是短期内最能降低光伏发电度电成本的技术，未来将成为装机主流，并于2023年前后实现市场占比超过单面组件。切片电池是一种非常有效的增加组件功率的方法，其减小了电流，减少发热及火灾风险，有效降低了线损，提高电站输出电量；另外，切片电池能够进一步缩小电池的安装间隙以尽可能密集封装电池，是一种有效提高组件效率的方法，该技术使单位面积功率密度得以提高。

光伏技术中最重要的趋势之一是利用更大的晶圆实现更高的组件功率，进一步提高电池生产效率，降低单位功率成本。太阳能薄膜技术作为非晶硅电池是另外一种发展方向，可降低单位功率耗材量，显著减耗降本。

就逆变器而言，全球正在致力于开发大容量逆变器和串级逆变器，以进一步提高功率。双面组件与追踪器的结合极大地提高了光伏组件的功率，由此需要更坚固的跟踪系统确保系统安全稳定运行。在太阳能系统和创新应用方面，水/海上漂浮光伏、农业光伏、太阳能制氢具有很好的发展前景。在系统成本方面，世界各国计划将发电成本进一步降低，普遍计划到2030年提高组件寿命至50年，并将发电成本降至0.13元/kWh以下，据中国光伏行业协会预计，2021年后，我国光伏发电可在大部分地区与煤电基准价同价。

3. 氢能

氢能被视为21世纪最具发展潜力的清洁能源，近年来美国、欧洲、日本等发达国家和地区从本地区能源供应角度出发，纷纷制定氢能发展规划。目前氢燃料电池及氢燃料电池汽车的研发与商业化应用在日本、美国、欧洲迅速发展，并在制氢、储氢、加氢等环节持续创新。日本丰田的主驱动燃料电池功率密度已经达到3kW/L，大动态工况下的耐久性可以达到5000～10000h。

氢能是一种理想的二次能源，燃烧产物为水，是最环保的能源形式，它既能以气、液相形式存储在高压罐中，也能以固相的形式储存在储氢材料中，如金属氢化物、配位氢化物、多孔材料等。氢储能能量密度高、运行维护成本低、可长时间存储，可实现过程无污染，且同时适用于极短或极长时间供电的能量储备技术方式，被认为是极具潜力的新型大规模储能技术。对可再生和可持续能源系统而言，氢气是一种极好的能量存储介质。氢气作为能源载体的优势在于：①氢和电能之间通过电解水与燃料电池技术可实现高效率的相互转换，压缩的氢气有很高的能量密度；②氢气具有成比例放大到电网规模应用的潜力。

氢储能发电是重要应用之一，利用氢气作为能源储存介质，将具有强烈波动特性的风能、太阳能转换为氢能并用于发电。氢储能技术更有利于电能储存与运输，在电网电力生产不足时将储存的氢气通过燃料电池等方式来发电。在世界范围内，氢储能发电技术被认为是一种用作平衡可再生能源装机容量较高时电网供需的潜在解决方案。氢能发电具备能源来源简单、丰富、存储时间长、转化效率高、几乎无污染排放等优点，是一种应用前景广阔的储能及发电形式，可以解决电网削峰填谷、新能源稳定并网问题，提高电力系统安全性、可靠性、灵活性。

在低碳社会发展进程中，氢气在一些难以电气化替代的领域能够发挥重要的脱碳作用。例如，氢气密度最低而能量密度高，特别适合应用在航空航天领域。随着现代航天的发展进步，液氢为人类探索太空提供了重要的能源保障，是航天飞行器最安全有效的能量源。中国、美国和俄罗斯均投入大量的人力、物力和财力研发更加高效的氢能应用装置，减轻航天飞行器的自重，保障续航能力。

全球建成的加氢站数量在2014年后呈现连续增长趋势，如图1-4所示。截至2021年底，全球共有685个加氢站投入运营，其中2021年新投运142座加氢站，再次刷新纪录。2021年底全球加氢站中，亚洲有363座，占比52.99%；欧洲有228座，占比33.28%；北美有86座，占比12.55%；其

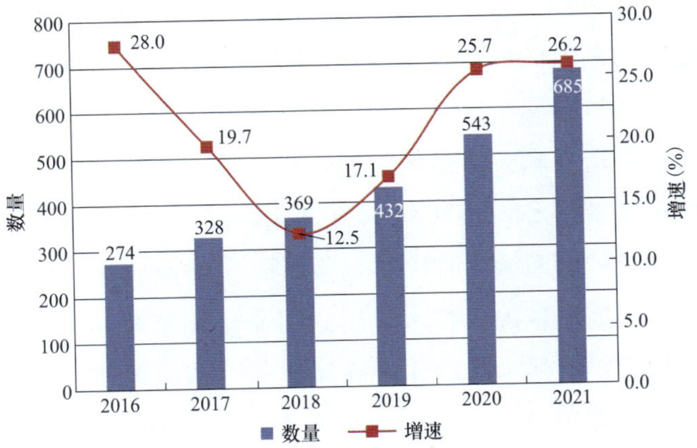

图1-4　2016—2021年全球加氢站数量

他地区共有 8 座，占比 1.17%。全球建成的加氢站区域分布情况见表 1-4。从国家和地区的建设情况来看，2021 年，全球新投入的 142 座加氢站中，欧洲新增 37 座，亚洲新增 89 座，北美新增 13 座。德国、中国、韩国与日本加氢站建设继续领跑全球，全年分别新增了 14、86、20 和 22 座。

表 1-4　　截至 2021 年底全球建成加氢站区域分布情况

国家和地区		加氢站数量（座）
欧洲（228）	德国	114
	法国	48
	欧洲其他国家	66
亚洲（363）	日本	142
	韩国	60
	中国	153
	亚洲其他国家	48
北美（86）	美国	51
	北美其他国家	33
其他地区		8

2021 年美国能源部（DOE）宣布投入 5250 万美元（约合人民币 3.4 亿元）资助 31 个氢能项目，旨在推进下一代清洁氢能技术，降低氢能成本，并加速其技术突破。此次资助的项目包括氢能生产、储存、分配和利用各环节，涵盖以下七个方向：①重型卡车燃料电池研发。一是低成本、耐用的双极板；二是创新、低成本空气管理组件。包括开发重型卡车用燃料电池低成本、薄柔性石墨双极板；通过连续工艺制造完全单元化的燃料电池；通过高温成型和扩散粘结制造低成本耐腐蚀涂层铝双极板；开发和制造用于质子交换膜燃料电池的非贵金属涂层双极板。②高效和创新的氢气生产技术。一是研发高温电解槽制造技术，二是创新通过生物质废物生产氢气的技术。具体包括固体氧化物电解槽和电堆组装的自动化；高温电解电堆的低成本制造；利用废水高效制氢的新型微生物电解槽设计；生物废物制氢的新型微生物电解系统开发等。③高流量加氢技术，建立高流量加氢站的国内供应链。具体涵盖用于中重型燃料电池卡车的先进高流量氢气压缩系统；用于高流量加氢的经济高效预冷系统以及重型燃料电池卡车的自动加注系统。④燃料电池、制氢和储氢的成本及性能分析。⑤固体氧化物电解制氢技术开发。开发基于

质子导体的耐用高性能固体氧化物电解槽、稳定的低成本制氢固体氧化物电解槽及新型结构和制造工艺、高性能金属支撑的固体氧化物电解槽和创新诊断方法、高通量和高效制氢可逆固体氧化物电池的稳定关键材料和微结构，研究通过控制氧电极的表面成分提高固体氧化物电解槽的耐久性和性能，电解槽多孔电极内表面设计、电解槽异质结构耐铬氧电极等。⑥甲烷蒸汽重整制氢装置的先进碳捕集、利用与封存。重点研究基于燃烧后碳捕集技术的蒸汽甲烷重整制氢装置和炼油厂制氢装置先进碳捕集技术。⑦工业燃气轮机氢燃烧系统。开发用于纯氢和氢气/天然气混合物的可改装干式低排放工业燃气轮机燃烧系统。

2018 年日本"第五次能源基本计划"中指出：在未来的二次能源中，由于氢可从包括可再生能源在内的各种能源中制造、储存和运输，其有望发挥核心作用。通过在制氢阶段利用 CCS 技术和可再生能源，可使能源获取实现完全脱碳。通过与燃料电池技术相结合，不仅可将氢应用于电力和运输场景，而且可以实现各领域的低碳化。日本计划到 2025 年建成 320 座加氢站，到 2030 年全国有 530 万辆燃料电池汽车（其中含燃料电池公共汽车约 120 辆和燃料电池叉车约 10000 辆）。同时建立一个集氢气生产、储存、运输和使用于一体的国际供应链，利用 IPHE（国际氢伙伴关系）等现有框架的同时，推进与其他国家的联合研究、法规和规则的协调以及国际标准化等，以在中长期降低氢气成本，实现到 2030 年时氢成本降至 30 日元/m^3（标况下），发电价格降到 7 日元/kWh（约合人民币 0.41 元/kWh）。还将促进氢能发电技术的发展，努力开发和建设发电效率超过 60%的大型集中式氢能电源设备作为分布式电源，以促进氢气作为非碳能源在交通领域外的发电及工业等各个领域的使用。

对于欧盟成员来说，2021 年英国发布的《英国氢能战略》提出了到 2030 年实现 500 万 kW 低碳氢生产能力的目标。并提出了氢能生产、输配网络及存储、氢能利用等领域的分阶段目标和关键行动。其中，到 2030 年低碳制氢产能达到 500 万 kW，建立 4 个 CCUS 集群，以及部署氢能试点城市；制氢方面，部署多个配备 CCUS 的大型制氢项目和大型电解制氢项目；应用方面，在工业中广泛应用氢能，部署氢能发电并提供灵活性，发展氢能重型货车和航运，开展城镇供热试验。德国在《国家氢能战略》中推出 38 项具体措施，涵盖氢的生产制造和应用等多个方面。在生产领域，致力于对传统电解氢生产方式的革新；在存储领域，研究氢的各种存储与运输可能性；在运输领域，除了利用天然气管网传输气态氢外，开发有机液体氢化物储氢技术；在应用领域，专注于改善氢燃料电池的效率、寿命和性能。

4. 储能

根据能量存储方式的不同，储能技术主要分为机械储能、电磁储能、电化学储能等三大类。总体来看，机械储能是目前最为成熟、成本最低、使用规模最大的储能技术，电化学储能是应用范围最为广泛、发展潜力最大的储能技术。目前，全球储能技术的开发主要集中在电化学储能领域。

截至 2021 年底，全球储能装机量 2.094 亿 kW，同比增长 9%，如图 1-5 所示。全球已投运储能项目中，抽水蓄能占比达到 86.2%；电化学储能占比 11.8%，提升 4.3 个百分点，排名第二。近年来，电化学储能开始兴起。在电化学储能的技术路线中，锂离子电池是电化学储能主要的技术形式，锂离子电池成为电化学储能的绝对主力，锂电子电池占累计电化学储能装机的 92.0%，钠硫电池和铅蓄电池占比相当为 3.6% 和 3.5%，液流电池为 0.7%。全球电化学储能市场新增装机规模不断扩大，其中，2021 年新增装机数量达到为 6847.4 万 kW，累计装机数达 2040 万 kW，同比增长 42.3%。

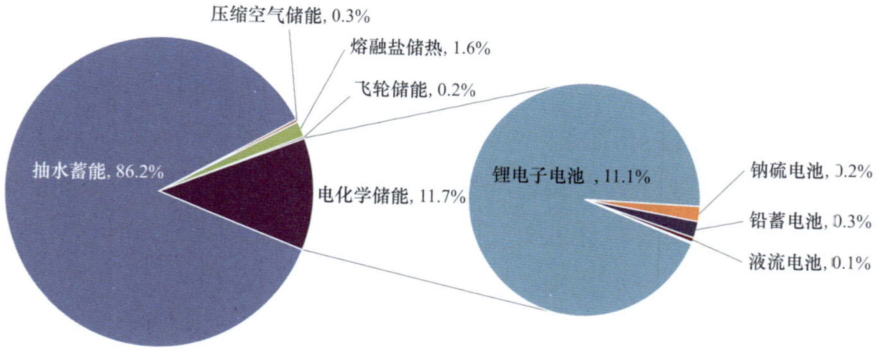

图 1-5 2021 年全球储能市场累计装机比例

抽水蓄能是当前技术最成熟、经济性最优，最具大规模开发条件的电力系统绿色低碳清洁灵活调节电源，与风电、太阳能发电、核电、火电等配合效果较好。大力发展抽水蓄能，是构建新型电力系统的迫切要求，是保障电力系统安全稳定运行的重要支撑，是可再生能源大规模发展的重要保障。

电磁储能包括超导线圈和超级电容器等。超导储能采用超导体材料制成线圈，利用电流流过线圈产生的电磁场来储存电能，由于超导线圈的电阻为零，电能储存在线圈中几乎无损耗，储能效率高达 95%。电容储能用电荷的方式将电能直接储存在电容器的极板上，充放电快，能量密度高。由于一般的电容器的容量比较小，作为储能器件以前只能用于间断性的高压脉冲电源。超级电容器系列产品在能源领域具有广泛的应用前景，目前超级电容器主要用于改善电能质量，或者与其他储能装置联合使用（如和蓄电池联合使用用于电动汽车）。

在高能量密度锂电池研究中，针对先进锂离子电池关键材料，美国、欧盟基础研究领域注重高比能富锂正极材料、无序结构富锂正极材料的研究，日本注重开发以硫化物为主的固态电池体系，韩国重点发展更高镍含量三元体系。目前硅基材料成为高比能负极材料领域世界各国的研发重点。同时，美欧等世界发达国家和地区通过各种二次电池储能研究中心推进研究工作。

2021 年以来，世界主要经济体纷纷宣布支持清洁技术创新，发力储能相关技术研究。美国能源部宣布依托西北太平洋国家实验室（PNNL）建立了一个国家级电力储能研发中心，命名为“电力储能工作站”（GLS），旨在加快推进先进的、电网级别的低成本长时储能技术研发和部署工作，推进美国电网现代化。英国皇家学会提出锂离子电池是短期内最可行的电池储能技术，未来将在提高能量密度、降低成本、延长寿命、提高充电安全性和速度，以及电池的回收和再利用等方面重点开展研究。欧洲宣布到 2030 年，开发包含储能的复合可再生能源系统。加拿大创新、科学和经济发展部（ISED）资助 Hydrostor 公司 160 万加元，用于将其先进压缩空气储能技术扩展至商业化。

5. 智能电网及综合能源系统

当前世界很多发达国家都已将智能电网作为国家战略，通过推动技术研发、装备研制、工程示范和标准制定，加快智能电网的发展，以期在新一轮能源变革和世界竞争格局中取得优势地位。

美国智能电网发展的重点包括电网基础设施、电动汽车、储能、智能用电以及信息技术与电网深度融合等方面。欧洲智能电网以提高可再生能源开发利用比例作为能源低碳转型的重要战略途径，大力促进大规模可再生能源消纳、支持分布式能源开发和推动智能电表的高级应用，开展智能电网的建设及推动相关技术产业发展，推进可再生能源智能电网通信和运行的互操作性。

综合能源系统是指一定区域内利用先进的物理信息技术和创新管理模式，整合区域内煤炭、石油、天然气、电能、热能等多种能源，实现多种异质能源子系统之间的协调规划、优化运行，协同管理、交互响应和互补互济。在满足系统内多元化用能需求的同时，要有效地提升能源利用效率，促进能源可持续发展的新型一体化的能源系统。在电源侧，通过风、光、水、火、储等多类型电源间的协同互补，实现电力系统的稳定运行；在需求侧，利用冷、热、电、气异质能源之间的耦合关系，实现各类终端能源的互补替代和联动优化。

综合能源涵盖电力、煤炭、石油、天然气、可再生能源、储能等多种能源资源。建设综合能源系统强调在传统供能形式（电、燃气、热、冷）的基础上，整合储能设施等要素，通过分布式能源、天然气冷热电联供和智能微电网等方式，依托“云大物移智链”等技术，实现多能协同供应和能源综合梯级利用，提高能源系统效率，降低能源生产和消费成本。以电力为核心，实施多能源协调规划、优化运行、协同管理和互补互济，已成为发展综合能源的广泛共识。国内外研究和实践证明，无论是能源利用效率的提升，还是可再生能源的规模化开发利用，都离不开综合能源系统和相关技术的强有力支持。综合能源系统发展有利于能源利用效率的提升和可再生能源的规模化开发，也有利于提高社会能源供应系统整体的安全性、经济性和设备资产利用率，推进相关研究意义重大。

二、我国能源电力科技发展现状和需求

截至2022年6月底，我国全口径发电装机容量24.4亿kW，同比增长8.1%；其中，非化石能源发电装机容量11.8亿kW，同比增长14.8%，占总装机比重为48.2%，同比提高2.8个百分点，绿色低碳转型效果继续显现。分类型看，水电4.0亿kW；核电5553万kW；并网风电3.4亿kW，其中，陆上风电3.16亿kW、海上风电2666万kW；并网太阳能发电3.4亿kW，其中，集中式光伏发电2.1亿kW，分布式光伏发电1.3亿kW，光热发电57万kW。火电13.0亿kW，其中煤电11.1亿kW，占总发电装机容量的比重为45.5%，同比降低2.8个百分点。从分类型投资、发电装机、发电量增速及结构变化等情况看，电力行业延续绿色低碳转型趋势。

为落实“双碳”目标，2021年3月，习近平总书记在中央财经委员会第九次会议上提出，“要构建清洁低碳安全高效的能源体系，控制化石能源总量，着力提高利用效能，实施可再生能源替代行动，深化电力体制改革，构建以新能源为主体的新型电力系统”。构建新型电力系统是推动能源清洁低碳转型，助力碳达峰、碳中和的迫切需要，也是促进电力系统转型升级的必然要求。

1. 燃煤发电

我国是世界最大的煤炭生产和消费国，其中50%左右煤炭用于发电。煤炭发电技术整体与国外处于“并跑”水平，但部分技术和装备仍存在较大差距，还需加强对IGFC、超临界CO_2循环发电、高效低碳新型循环发电等新发电技术的技术创新。

我国电力行业自20世纪80年代就开始研究煤炭清洁高效发电，“十五”以来一直得到国家科技计划重点方向的持续支持，取得了一系列重要成果，建立了一批创新平台，主要体现在：①煤电装机规模快速增长；②高参数大容量高效燃煤机组得到广泛应用，技术指标达到国际先进水平；③污染物治理达到超低排放水平，实现国际领先；④成为消纳大规模可再生能源发电的重要支撑；⑤IGCC等新型煤电技术已成功示范。

当前，我国正处于能源转型关键时期，煤炭清洁高效利用技术具有广阔的应用前景和市场规模。我国煤炭产业发展成熟，规模庞大，为适应形势发展，国内大型企业都有强烈的意愿进行技术研发，且科研实力正在快速增长，产业与市场的发展呈耦合之势。

2. CCUS

我国是世界上最大的碳排放国。中国作为负责任的发展中国家，已向世界承诺中国二氧化碳排放力争于2030年前达到峰值，努力争取2060年前实现碳中和。作为一项有望实现化石能源大规模低碳利用的新兴技术，CCUS将可能成为未来中国减少CO_2排放和保障能源安全的重要战略技术选择。

我国CCUS技术起步于2005年，在973、863、支撑计划、重点研发计划的部署以及相关国际科技合作项目支持下，国内有关高校、科研院所、企业围绕CCUS开展了基础理论研究、关键技术研发与中试示范项目建设，在CCUS技术链各技术环节均取得了显著进展，已具备一定的研发与示范基础，如今中国已投运或建设中的CCUS示范项目约为40个，捕集能力300万t/a，最大捕集能力约15万t/a；正在运行6个5万～20万t级CO_2驱油与封存先导或中间试验，每年共注入CO_2约100万t；开展了10万t级陆上咸水层CO_2封存示范；建成4万t规模的全流程燃煤电厂CO_2捕集与驱油示范等，部分CCUS技术已初步具备大规模产业示范条件和产业发展基础，具体示范项目情况见表1-5。CCUS产业化应用将实现油气、煤化工和煤电等传统产业的低碳化，提高其可持续发展能力，并延伸产业链，促进碳捕集大型装备与新材料、新型的封存勘测和监测设备等产业的发展。

表1-5　国内CO_2捕集示范项目分布

序号	项目名称	处理能力（万t/a）	捕集类型
1	吉林油田长岭天然气厂	30	燃烧前
2	大庆油田徐深九天然气净化厂	20	燃烧前
3	敦华石油中石油克拉玛依石化公司甲醇厂	10	燃烧前
4	国家能源集团（神华）鄂尔多斯煤制油分公司	10	燃烧前
5	延长石油榆林煤炭化学公司气化厂	5	燃烧前
6	长庆油田宁夏德大气体开发科技有限公司	5～10	燃烧前
7	中原油田心连心化工集团	35	燃烧前
8	华东油田江苏华扬液碳有限责任公司泰兴二氧化碳厂	10	燃烧前
9	华能天津IGCC	10	燃烧前
10	连云港清洁能源动力系统研究设施	3	燃烧前
11	海螺集团芜湖白马山水泥厂	5	燃烧前
12	胜利油田胜利电厂	4	燃烧后
13	华能北京高碑店电厂	0.3	燃烧后
14	国电天津北塘热电厂	2	燃烧后
15	华能上海石洞口电厂	12	燃烧后
16	国家电投重庆双槐电厂	1	燃烧后
17	华润电力海丰碳捕集测试平台	2	燃烧后
18	华中科技大学35MW富氧燃烧示范	10	富氧燃烧

2020年7月，中国证监会发布《关于印发〈绿色债券支持项目目录（2020年版）〉的通知（征求意见稿）》，首次将CCS纳入其中，拓展了CCUS项目的融资渠道。2021年政府工作报告提出，要扎实做好碳达峰、碳中和各项工作，制定2030年前碳排放达峰行动方案，“十四五”时期，单位

国内生产总值能耗和 CO_2 排放分别降低 13.5%和 18%，这两项指标将作为约束性指标进行管理。《第十四个五年规划和 2035 年远景目标纲要》提出，要开展碳捕集利用与封存重大项目示范。政府工作报告和“十四五”规划纲要对 CCUS 的发展提出纲领性规划，预计国家会出台关于 CCUS 关键技术研发和开展重大示范项目等方面的政策。此外，可充分借鉴美国 45Q 税收法案等国外 CCUS 激励政策，探索制定符合中国国情的 CCUS 税收优惠和补贴激励政策，形成投融资增加和成本降低的良性循环，完善优化法律法规体系，制定科学合理的建设、运营、监管、终止标准体系。

根据国际能源署 IEA 可持续发展情景对未来畅想，若要实现联合国设定的与环境相关的可持续发展目标，利用 CCS 技术捕集的 CO_2 总量从目前的每年约 4000 万 t 需增至 2050 年约 5.6Gt/年。根据国内外研究结果，碳中和目标下我国 CCUS 减排需求为：2030 年 0.2 亿～4.08 亿 t，2050 年 6 亿～14.5 亿 t，2060 年 10 亿～18.2 亿 t。情景设置中主要考虑了我国实现 1.5℃目标、2℃目标、可持续发展目标、碳达峰碳中和目标，各行业 CO_2 排放路径，CCUS 技术发展，以及 CCUS 可以使用或可能使用的情景。2025—2060 年需要开展 CCUS 的行业及对应碳减排需求潜力见表 1－6。

表 1－6　2025—2060 年全行业 CCUS 碳减排需求潜力　亿 t/a

年份	2025	2030	2035	2040	2050	2060
煤电	0.06	0.2	0.5～1	2～5	2～5	2～5
气电	0.01	0.05	0.2～1	0.2～1	0.2～1	0.2～1
钢铁	0.01	0.02～0.05	0.1～0.2	0.2～0.3	0.5～0.7	0.9～1.1
水泥	0.001～0.17	0.1～1.52	0.2～0.8	0.3～1.5	0.8～1.8	1.9～2.1
BECCS	0.005	0.01	0.18	0.8～1	2～5	3～6
DACCS	0	0	0.01	0.15	0.5～1	2～3
石化和化工	0.05	0.5	0.3	0	0	0
全行业	0.09～0.3	0.2～4.08	1.19～8.5	3.7～13	6～14.5	10～18.2

目前，CCUS 技术面临的主要瓶颈为我国 CCUS 项目整体处于研发和示范阶段，大型 CCUS 项目较少。由于当前技术限制，在 CO_2 捕集过程中能耗较高，阻碍了 CCUS 技术的发展。此外，CCUS 项目成本过高，尚未形成完整产业模式，高昂的投资及运行成本限制了 CCUS 项目的发展。对于 CO_2 驱油的 CCUS 项目，通过上涨油价可提高 CO_2 承受成本。但只有不到 25%的油

田可承受200元/t以上的成本。而在煤电行业中，在现有的技术条件下，安装碳捕集装置的示范项目将额外增加140～600元/t的运行成本，导致发电成本大幅增加，影响企业进行CCUS技术研究的积极性。在众多CCUS技术中，CO_2驱油技术因其可在驱油利用的同时实现碳封存，兼具经济和环境效益，受到能源界的重视，CO_2驱油已成为CCUS的主要技术发展方向。

3. 风电

我国风电产业发展势头良好，并保持稳定增长态势。2021年，全国风电新增装机实现历史性突破，全年新增并网装机15911台，容量为5592万kW，同比增长约2.7%。全年新增装机中，陆上风电4144万kW，占全部新增装机容量的74.1%；海上风电1448万kW，占全部新增装机容量的25.9%。截至2021年底，全国风电累计并网装机容量达3.4亿kW，同比增长19.2%，其中陆上风电3.2亿kW，占全部累计装机容量的92.7%，海上风电2535万kW，占全部累计装机容量的7.3%。

目前我国风电产业在装备研发和制造、工程施工和勘测设计、行业数字化水平、新兴技术应用等技术创新和研发方面不断发展，形成了较多的技术创新成果，特别是在大容量风电机组的研发、制造和应用，海上风电全产业链技术发展，以及智慧风电产业体系等方面，都取得较好成绩。

我国风电机组研发和制造技术稳步提升。2020年，中国风电产业技术创新能力和速度持续提升，新产品研发和迭代速度不断加快，风电机组单机容量进步增大，塔筒高度进一步提高。2019—2020年内蒙古、吉林、黑龙江等地先后核准了十余个较大的风电项目，如乌兰察600万kW风电外送基地、上都百万千瓦风电基地项目、通辽市100万kW外送风电基地、国家电投上海庙40万kW风电工程等，充分发挥国内陆上风电资源丰富地区的优势。其中，国家电投通辽市100万kW外送风电基地项目中投标机组的单机功率均在4500kW及以上。2021年，陆上风电开启“6000kW时代”，4月20日，由东方电气风电有限公司自主研制、具有完全自主知识产权的DEW-5.5S-172型永磁直驱陆上风电机组成功下线。同年8月，三一重能参与打造全国单机容量最大的陆上风电项目，单机容量达到6250kW。

海上风力发电方面，明阳智能发布MySE11-203半直驱海上风机，东方电气DEWD10000-185机型成功吊装并网并获得型式认证，标志着国内海上风电进入10MW级时代。2020年4月，中广核研究院“漂浮式海上风电与海洋牧场融合关键技术研究”项目完成合同签订，明阳智能拟募集资金7.2亿用于10MW级海上漂浮式风机研发项目。风力发电机组面向大单机容量化发展，预计到2040年，全球海上风电装机将达5.6亿kW，布局发展海上风电技术，将有效利用我国丰富的海上风电资源，并在全球海上风电市场占有一席之地，促进全球能源低碳化转型。

风电工程勘测设计技术不断进步。2020年，陆上风电166m免灌浆干式连接分片预制装配式钢混组合塔架成功取得中国质量认证中心风能产品设计认证；福建投资集团莆田平海湾海上风电场二期项目成功安装世界首座海上风电桩桶复合基础；三峡新能源广东阳江一期海上风电项目成功安装首台三桶吸力桶导管架基础，首次将三桶吸力桶导管架基础应用在国内海上风电项目；江苏如东换流站是国内首个±400kV柔性直流海上换流站，已于2021年底投产。

风电工程施工能力不断提升。2020年，徐工塔机研发的XGL1800风电动臂塔机独立吊装高度突破170m，最大起重量可达138t，最大可进行160m以上超高叶轮高度风机的安装与维护；招商局重工（深圳）有限公司建造的130M打桩船“三航桩20”能够适应所有近海区域及水下50m打桩，可满足桩长105m+水深、直径5000mm的施工需求；我国首台/套具有完全自主知识产权的2500kJ液压打桩锤成功通过挪威船级社第三方鉴定，正式列装海洋工程施工装备；福能三川平海湾海上风电场项目首根超大直径（桩径6.7m）嵌岩单桩成功植入海底。

风电智慧化进程不断加快。2020年，风电行业智能化技术快速发展并落地应用，加速了风电项目的降本增效进程，推动平价时代风电高质量发展。金风科技、远景能源等不断提出创新智能化风电机组，完善数字化、场景化解决方案体系，将智慧化技术与传统风电技术相结合，推动风电项目降本增效；鲁能集团与华东电力设计院联合打造的国内首个全生命周期数字化智慧型海上风电场管理平台正式上线运行，功能覆盖海上风电场建设、运维的全生命周期，推动了国内海上风电行业数字化、智慧化进程；国家电投依托内蒙古霍林河循环经济示范工程续建（第四期）风电项目打造的国内首个实现多品牌多机型统一化、智能化管理的智慧风场运营管理平台正式投入运行，实现了对5个厂家多种机型的统一监视控制和综合能量调度控制。

4. 光伏

我国光伏产业规模和制造能力处于世界先进水平，光伏电池及组件、逆变器等产品技术水平与世界同步。光伏电池将继续朝着高效率低成本的方向发展，其中由于薄膜太阳能电池技术耗用材料少，成本可大幅降低，因此薄膜技术是未来发展方向之一。大型光伏电站规模将向吉瓦级和集群化发展，光伏应用呈现应用场景多元化、应用产品多样化的发展趋势。太阳能热利用方面，国内热发电技术以导热油槽式电站和熔融盐塔式为主，已经形成了产业链条。未来研发将以发展高效的聚光太阳能梯级利用为目标，开展第四代太阳能热技术——超临界太阳能热发电技术研究。

截至 2021 年底，全国装机容量已突破 3 亿 kW，五年间约增长了 3.97 倍，全国光伏发电量达 3259 亿 kWh，同比增长 25.1%。2021 年，全国新增光伏发电装机 5488 万 kW，同比增长 13.9%，再创近三年新高。分布式光伏新增装机 2928 万 kW，集中式光伏新增装机 2560 万 kW。从新增装机布局看，装机占比最高的区域为华北、华东和华中，分别占全国新增装机的 39%、19%和 15%。全国光伏建设布局持续优化，山东、江苏、河北、浙江、安徽、青海、山西、内蒙古、新疆、河南、陕西、宁夏、甘肃、江西、湖北、广东、贵州等 17 省份光伏装机均超过 500 万 kW，合计占全国的 87.8%。

2020 年 12 月 12 日，国家主席习近平在气候雄心峰会上宣布，到 2030 年中国非化石能源占一次能源消费比重将达到 25%左右，风电、太阳能发电总装机容量将达到 12 亿 kW 以上。为达到此目标，工业和信息化部、中国光伏行业协会联合出版的《中国光伏产业发展路线图》（2020 版）预测，在“十四五”期间，我国光伏年均新增光伏装机预期在 7000 万～9000 万 kW 之间，即“十四五”期间，新增光伏装机将达到 3.5 亿～4.5 亿 kW，累计装机预期达到 6 亿～7 亿 kW 之间。2021 年各省陆续出台的“十四五”能源规划中，加大了新增光伏等可再生能源的开发力度，截至目前，有 16 个省份明确了超 2.6 亿 kW 的光伏等可再生能源新增装机目标。

光伏电池产品效率方面，2021 年各种晶硅电池均得到了不同程度提高，规模化生产的 P 型单晶电池均采用 PERC 技术，平均转换效率达到 23.1%，最高达到 23.56%，同比提高 0.3 个百分点；采用 PERC 技术的多晶黑硅电池片转换效率达到 21%；常规多晶黑硅电池则效率提升动力不强，2021 年转换效率约19.5%，仅提升0.1个百分点，未来效率提升空间有限；铸锭单晶PERC电池平均转换效率为22.4%；N型TOPCon电池平均转换效率达到25.09%；异质结电池平均转换效率达到24.2%。未来随着生产成本的降低及良率的提升，N型电池将会是电池技术的主要发展方向之一。

市场方面，2021年单晶硅片（P型+N型）市场占比约94.5%，其中P型单晶硅片市场占比由86.9%增长到90.4%，N型单晶硅片约4.1%。随着下游对单晶产品的需求增大，单晶硅片市场占比也将进一步增大，且N型单晶硅片占比将持续提升。多晶硅片的市场份额由2020年的9.3%下降至2021年的5.2%，未来呈逐步下降趋势，但仍会在细分市场保持一定需求量。铸锭单晶市场占比达到0.3%，未来市场份额保持平稳。

钙钛矿太阳电池因成本低、光电转换效率高，成为光伏领域的研究热点。钙钛矿太阳电池是利用钙钛矿晶型的有机金属卤化物半导体作为吸光材料，通过光电效应直接把光能转化成电能的装置。经过短短10余年的发展，钙钛矿太阳电池的研究已取得突破性进展，韩国蔚山科学技术学院制备的单结钙钛矿电池认证效率达到25.7%，德国柏林亥姆霍兹中心制备的钙钛矿/硅串联电池认证光电转化效率达到32.5%。目前，玻璃基微型模组（26cm^2）最高转换效率为22.4%。处于小规模试验线量产阶段的日本松下公司的802cm^{2}钙钛矿小型模组获得17.9%的光电转换效率。柔性组件（10cm^2）最高转换效率达到17.8%。相对目前常用的晶硅电池，钙钛矿太阳电池要实现竞争力从而走向商业化生产，亟需进一步提升光电转换效率，并改善器件稳定性、提升环境友好性，并解决大面积制造工艺及相应设备不成熟等诸多技术问题。诸多关键技术一旦获得突破，作为低成本、高光电转换效率的新一代太阳电池，钙钛矿太阳电池有望成为新一代绿色能源产业的重要组成部分。

过去十年，光伏行业技术快速发展，推动成本持续下降；除产品本身的技术进步和规模效应等带来价格下降外，系统技术不断创新也是光伏度电成本下降的重要方式。其中，光伏系统电压等级的提升，是降低度电成本最重要的方式之一。1500V逆变器自2015年推出后变成为领跑项目的首选系统，该系统不仅可以减少设备用量、降低初始投资、增加发电量，还能够降低运维成本。进一步提高系统电压是未来需要解决的难题，以适应更高的检测认证执行标准。

光伏产业若要谋求更大发展空间，“光伏+”在不同场景下的创新应用将是重要的突破口，因地制宜开展各类“光伏+”应用工程，促进光伏发电与其他产业有机融合。探索光伏+“建筑”“农业”“水产养殖”“林光互补”“生态治理”融合发展模式，合理配建光伏电站。其中，“光伏+建筑”是最重要的发展方向，据统计，目前的分布式光伏项目中，“光伏+建筑”项目占到了80%左右。

5. 氢能

我国氢能产业已进入快速发展期，绿色低碳发展促使现有供应体系向绿色经济高效的氢能供应体系转变。氢气的来源分为工业副产氢、化石燃料制氢、电解水制氢等途径，差别在于原料的再生性、CO_2 排放及制氢成本。我国是世界第一产氢大国，2021年，国内氢气产量超过4000万t/a，其中超过97%来自化石能源；新建加氢站86座，累计达153座。

煤制氢是当前我国大规模稳定制取廉价工业氢气的主要途径。传统煤制氢采用固定床、流化床、气流床等工艺，合成气中 CO_2、CO 等体积分数高达45%～70%，碳排放较高，不满足低碳化的制氢路径，且含有硫化物等腐蚀性气体。近年来，新型煤制氢技术也在不断发展，超临界水煤气化技术利用超临界水（温度≥374℃、压力≥22.1MPa）作为均相反应媒介，具有传统煤气化技术无法比拟的气化效率高、氢气组分高、污染少等优点，但目前尚未产业化。

中国氢能联盟中长期预测研究显示，到2030年我国氢气需求量将达到3500万t，在终端能源消费中占比5%；到2050年氢能将在我国终端能源消费中占比至少达到10%，氢气需求量接近6000万t，产业链年产值约12万亿元。来源于可再生能源的“绿氢”将逐渐代替化石能源制取的“灰氢”，成为主要氢源。

电解水制氢技术主要分为碱水电解（AWE）、质子交换膜（PEM）水电解，固体聚合物阴离子交换膜（AEM）水电解、固体氧化物（SOE）水电解，相关特性对比见表1-7。其中，AWE是最早工业化的水电解技术，已有数十年的应用经验，最为成熟，但无法快速调节制氢速度，与可再生能源适配性较差；PEM电解水技术近年来产业化发展迅速；SOE水电解技术适合在高温环境下运作，能效更高，但仍处于初步示范阶段；而AEM水电解以阴离子交换膜作为电解质隔膜，目前仍处于实验室阶段。

表 1-7　四种电解制氢技术特性

参数	碱水电解 AWE	质子交换膜 PEM	固体聚合物阴离子交换膜 AEM	固体氧化物 SOE
电解质隔膜	30% KOH 石棉膜	质子交换膜	阴离子交换膜	固体氧化物
电流密度 (A/cm^2)	<0.8	1~4	1~2	0.2~0.4
电耗/效率 (kWh/m^3)	4.5~5.5	4.0~5.0	—	预期效率约为 100%
工作温度（℃）	≤90	≤80	≤60	≥800
产氢纯度	≥99.8%	≥99.99%	≥99.99%	—
相对设备体积	1	约 1/3	—	—
操作特征	需控制压差，产气需脱碱	快速启停，仅水蒸气	快速启停，仅水蒸气	启停不便，仅水蒸气
可维护性	强碱腐蚀强	无腐蚀性介质	无腐蚀性介质	—
环保性	石棉膜有危害	无污染	无污染	—
技术成熟度	充分产业化	初步商业化	实验室阶段	初期示范
单机规模 (m^3/h)	≤1000	≤200	—	—

从时间尺度上看，AWE 技术在解决近期可再生能源的消纳方面易于快速部署和应用；但从技术角度看，PEM 电解水技术的电流密度高、电解槽体积小、运行灵活、利于快速变载，与风电、光伏（发电的波动性和随机性较大）具有良好的匹配性。随着 PEM 电解槽的推广应用，其成本有望快速下降，必然是未来 5~10 年的发展趋势。SOE、AEM 水电解的发展则取决于相关材料技术的突破情况。

在电解水制氢的市场化进程方面，碱水电解（AWE）作为最为成熟的电解技术占据着主导地位。2021 年 4 月，全球最大规模的太阳能电解水制氢储能及综合应用示范项目在宁夏宁东能源化工基地正式投产，项目主要包括新建 20000m^3/h（标况下）电解水制氢装置（合计年产氢气 1.6 亿 m^3，年副产氧气 0.8 亿 m^3），该项目是全球单厂规模最大、单台产能最大的电解水制氢项目。AWE 采用氢氧化钾（KOH）水溶液为电解质，以石棉为隔膜，分离水产生氢气和氧气，效率通常在 70%~80%。一方面，AWE 在碱性条件下可使用非贵金属电催化剂（如 Ni、Co、Mn 等），因而电解槽中的催化剂造价较低，但产气中含碱液、水蒸气等，需经辅助设备除去；另一方面，AWE

难以快速启动或变载、无法快速调节制氢的速度，因而与可再生能源发电的适配性较差。目前，我国碱性电解水制氢技术已经十分成熟，我国 AWE 装置的安装总量为 1500～2000 套，多数用于电厂冷却用氢的制备。国产设备的最大产氢量为 1000m^3/h（标况下），代表生产企业有苏州竞立制氢设备有限公司、天津市大陆制氢设备有限公司等，但在电流密度、直流电耗等技术指标上与国外仍存在一定差距。

PEM 电解槽运行具有更加灵活的特点，更适合可再生能源的波动性，许多新建项目开始转向选择 PEM 电解槽技术。过去数年，欧盟、美国、日本企业纷纷推出了 PEM 电解水制氢产品，西门子股份公司等相继将 PEM 电解槽规格规模提高到兆瓦级。国际上 PEM 电解水制氢技术快速发展，但国内起步较晚，国内外差距明显。中国科学院大连化学物理研究所、全球能源互联网研究院、赛克赛斯等单位也已研制出百 kW 级 PEM 电解制氢装置，但在功率规模、电流密度、效率、可靠性等方面与国外差距较大。

目前国内碱性电解水制氢成本在各电解水制氢技术路线中最具经济性。对比目前已经商业化的碱性电解与 PEM 电解两条技术路线的制氢成本，电解槽成本在制氢系统设备成本中的占比分别为 50%、60%，假设年均全负荷运行时间为 7500h、使用电价为 0.3 元/kWh，则碱性与 PEM 电解水的制氢成本分别为约 21.6 元/kg、31.7 元/kg，其中电费成本是制氢成本构成的主要部分，占比分别为 86%和 53%。

成本方面，AWE 与 PEM 电解水制氢的成本结构存在差异。一是商业化发展阶段不同，碱性电解槽基本实现国产化，价格 2000～3000 元/kW；PEM 电解槽由于关键材料与技术仍需依赖进口，价格 12000～20000 元/kW。二是制氢规模不同，PEM 电解槽单槽制氢规模约 200m^3/h（标况下），国内还未有大规模制氢应用的案例；碱性电解槽单槽产能已达到 1000m^3/h（标况下），国内已有兆瓦级制氢应用，规模化使其在设备折旧、土建折旧、运维成本上低于 PEM 电解。

与 AWE 与 PEM 技术相比，SOE 的技术成熟度较低，尚处于实验室研发阶段，还未实现商业化，单槽仅 kW 级的规模水平，在美国能源部的报告中技术成熟度被定义为 5 级。尽管存在效率高的显著优点，但也有一系列限制市场应用的缺点。如果能解决关键材料在高温和长期运行下的耐久性问题，SOE 技术在未来的大规模氢气生产中具有巨大的潜力。在固体氧化物电解池

（SOEC）研究应用方面国内外差距较大，国内的中国科学院大连化学物理研究所、清华大学、中国科学技术大学开展了 SOEC 的初步探索。清华大学已搭建千瓦级可逆固体氧化物电池测试平台。

经过多年积累，我国在氢能技术领域取得长足发展。一是在制氢、储氢及氢燃料电池方面均形成具有国际影响力的研究队伍。目前，包括中国科学院、高等院校在内的十几个科研机构在氢能领域展开研究工作。二是在氢能领域形成了一大批具有自主知识产权的新技术、新材料和新工艺。三是在氢能研究向实际应用方面取得了重要的突破。我国在可再生能源制氢研究领域，如太阳能光催化/光电化学制氢、热化学制氢等领域起步较早，并且已经在制氢活性及成本方面形成优势；在储氢领域尤其是固态储氢方面也有着国际领先水平的研究。我国对于液氢的制备与使用目前主要基于航天应用开展，但所采用的液化系统由国外公司提供，距离国际先进水平差距明显。制氢领域国内代表型企业有中石油、中石化、宝钢、河钢、浦江气体、京辉气体等；电解水制氢装备制造领域国内代表型企业包括中船 718 所、苏州竞立、天津大陆、淳华氢能等。研究表明，从制氢成本来看，不同制氢技术路线中，化石能源制氢、工业副产提氢成本较低，电解水制氢成本高，高温堆热化学制氢是目前成本较低的新型制氢方式。具体如下：煤气化制氢 11～20 元/kg（无/有 CCS），工业副产提氢 16 元/kg，SMR 制氢 18～24 元/kg（无/有 CCS），核能制氢 20～27 元/kg，网电电解水制氢 35～46 元/kg（AWE/PEM），可再生能源发电电解水制氢 28～85 元/kg，生物质气化制氢 33 元/kg。即使在高煤价情景下，煤制氢依然是成本最低的制氢方式之一。化石能源制氢＋CCS 是现阶段成本较低的低碳制氢方式。电解水制氢成本受电价变化影响很大，考虑实际年运行小时数，在目前价格和技术参数下，我国风电光伏电解水制氢成本较低。如果采用弃风弃光或者低谷电等廉价电制氢，可以使制氢成本下降 30%～40%。

中国已成为世界第一产氢大国，工业氢气产量领跑全球。根据相关测算，预计到 2060 年，中国电解制氢装机容量约 5 亿 kW。中国在未来的氢能源市场中不仅是产氢大国，更是用氢大国。预计到 2060 年，氢能在交通运输、储能、工业、建筑等领域广泛使用，中国的氢需求量由目前 3000 万 t 提升至约 1.3 亿 t，提升 300%以上。未来，氢能制取关键部件材料实现国产化，制氢单体功率将提升至 1 万 kW 级，系统单位能耗不高于 4kWh/m^3。

我国部分省份对氢能产业发展提出了关键发展领域及相应的目标，见表1-8。

表1-8　部分省份氢能产业发展目标

省份	关键发展领域	目标
北京	（1）氢燃料电池零部件研发、液氢生产、储运及安全措施； （2）探索利用可再生电力生产氢气	（1）2023年：3000辆氢燃料电池汽车，37个加氢站。 （2）2025年：超过10000辆氢燃料电池汽车，总共74个加氢站
天津	（1）专注于氢的生产、储存和运输，包括氢燃料电池制造、研发和配套服务； （2）在氢燃料电池、核心部件、电力系统集成和氢检验检测方面至少拥有2～3家具有国际竞争力的公司	（1）至少10个加氢站； （2）3个推广使用氢燃料电池汽车的试点示范区； （3）至少3条公交或通勤路线的示范运营； （4）至少1000辆商用货运卡车、叉车、公共汽车和其他氢动力车辆； （5）至少2个氢燃料电池CHP示范项目
河北	（1）2021年：部署制氢、制氢设备、加氢站、燃料电池、车辆。 （2）2022年：实现氢设备及零部件的量产	（1）至少30个加氢站； （2）4000辆燃料电池巴士和商用货运车辆试点运营； （3）在天然气管网中混合氢气以提供H-CNG
山东	（1）2020—2022年：在铁路、航运和分布式发电中部署燃料电池；燃料电池在客车和商用货车、应急电源、储能等领域的试点。 （2）2023—2025年：开展燃料电池轨道、港口机械、航运和分布式发电的研发；推进制氢、储氢、加氢及配套设施网络化。 （3）2026—2030：建立氢能产业与大数据、物联网、人工智能相结合的新型智能生态系统	（1）2020～2022年：燃料电池发动机产能达到2万辆，FCV产能达到5000辆；共建设加氢站30座；3000辆燃料电池汽车。 （2）2023～2025年：燃料电池发动机产能达到5万辆；燃料电池汽车产能达到2万辆；推广燃料电池汽车1万辆，建设加氢站100座；将氢能用于电网调峰调频，逐步推广可再生能源制氢
四川	2025年：燃料电池及制氢、储运、加氢研发；提高燃料电池汽车寿命、电堆功率密度、系统经济性、低温启动等燃料电池电堆指标	2025年：燃料电池汽车达到6000台，建设5座氢分布式能源站和备用电源项目；建设60座各类加氢站；在热电联产、轨道交通、无人机等领域开展氢能示范，建设2座储氢电站

6. 储能

风电和光伏等可再生能源将作为主力清洁能源迎来前所未有的快速发展窗口，可再生能源自身波动性、间歇性等特性将对电力系统的安全和稳定带来极大的挑战。储能技术可应用于平抑可再生能源发电波动、提高电网弹性和电能质量、减少弃风弃光，使其成为有效的灵活性资源，满足未来电力系统对灵活性调节资源的迫切需求。

2021年7月，国家发展改革委、国家能源局发布了《关于加快推动新型储能发展的指导意见》（简称《新型储能指导意见》）。《新型储能指导意见》明确了“十四五”目标，即到2025年新型储能装机规模达到3000万kW以上。2030年，实现新型储能全面市场化发展。在“双碳”目标下，《新型储能指导意见》的发布，为产业发展明确了发展目标和方向。

截至2021年底，我国已投运电力储能项目累计装机规模4610万kW，占全球市场总规模的22%，同比增长30%。其中，抽水蓄能的累计装机规模最大，为3980万kW，同比增长25%，所占比重与上年同期相比下降3个百分点；市场增量主要来自新型储能，累计装机规模达到573万kW，同比增长75%。2021年，我国新增投运电力储能项目装机规模首次突破1000万kW，达到1050万kW，其中，抽水蓄能新增规模800万kW，同比增长437%；新型储能新增规模首次突破200万kW，达到240万kW，同比增长54%。新型储能中，锂离子电池和压缩空气均有百兆瓦级项目并网运行，特别是后者，在2021年实现了跨越式增长，新增投运规模17万kW，接近2020年度累计装机规模的15倍。2021年我国储能装机分类占比如图1-6所示。

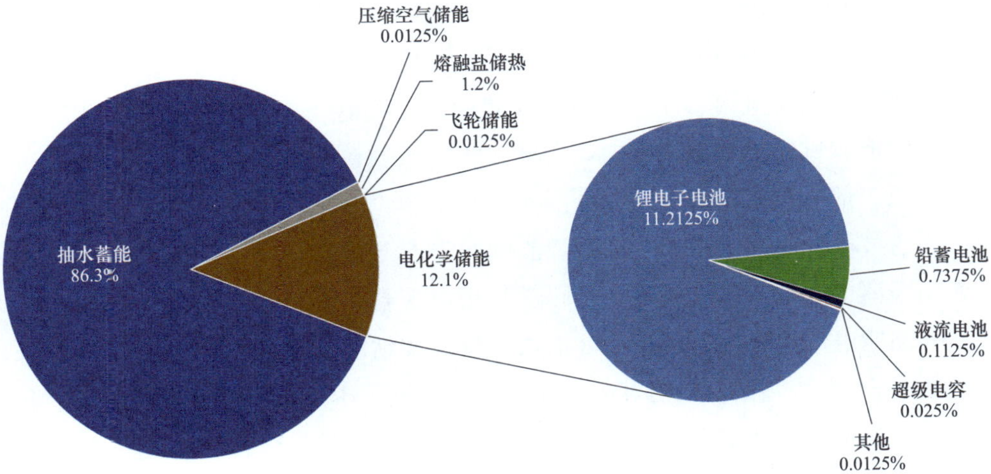

图1-6　2021年我国储能装机分类占比

政策现状方面，《新型储能指导意见》明确了“十四五”目标，到2025年新型储能装机规模达到3000万kW以上。2030年，实现新型储能全面市场化发展。在“双碳”目标下，《新型储能指导意见》的发布，为产业发展明确了发展目标和方向。国家发改委发布的《关于进一步完善抽水蓄能价格形成机制的意见》和《关于“十四五”时期深化价格机制改革行动方案的通知》，明确提出“落实新出台的抽水蓄能价格机制，建立新型储能价格机制，推动新能源及相关储能产业发展”的行动思路，这是国家政策文件中首次明确提出建立新型储能价格机制。结合两份文件来看，参照抽水蓄能电价建立新型储能价格机制，尤其对独立储能电站的投资、运营影响重大。

产业现状方面，目前投入商业化运行的规模储能技术只有抽水蓄能、锂离子电池、铅酸电池三类。作为目前经济、清洁的大规模储能方式，抽水蓄能电站启停灵活、反应迅速，具有调峰填谷、调频、调相、紧急事故备用和黑启动等多种功能。抽水蓄能电站的建设和调度运行，有利于更好地利用新能源资源，有利于提升电力系统综合效益。铅酸电池存在着环境污染的风险，无法代表先进的储能技术。锂离子电池储能技术具有清洁高效、能量密度高、充放电性能好、响应速度快等优点，在多种应用领域都具有技术经济性优势，是当前国内外重点发展的电化学储能技术路线之一。

技术现状方面，尽管储能技术对于能源革命的意义已经获得了广泛共识，但现有技术仍然未能很好地满足实际运行要求，还需要显著提升性能，甚至颠覆现有储能技术，以便进一步降低采购和度电使用成本，延长循环与服役寿命，显著提高安全性和可靠性。在新的技术研发储备方面，固态锂电池、高功率电池电容、先进压缩空气储能、液流电池、热化学储热技术等是国际储能领域的主要发展方向，我国在相关领域已具有良好的研发基础和研究队伍，部分技术研发已达到国际领先水平。

通过科技部“十三五”期间智能电网重点专项的支持，我国在大规模储能用锂离子电池、液流电池、电化学超级电容器方面取得了重要进展。磷酸铁锂储能电池循环性达到了13800次，低成本锰酸锂型锂离子电池循环寿命达到了7000次，液流电池和先进压缩空气实现了1万kW级示范，电化学电容器能量密度和功率密度达到了64W·h/kg和9kW/kg。随着电动汽车的高速发展，锂离子电池在我国已经形成了完备的产业链，产能占世界范围的60%以上。国家目前对储能产业化发展进程高度关注，且正在出台政策以支持储能产业发展和技术应用。进入“十四五”发展新阶段，配合新能源规模化开发和利用，储能迎来了新的发展机遇与挑战。新能源的发展对我国储能提出了新要求，新能源发电随机波动，发电功率预测误差较大，新能源高比例接入电力系统后，常规电源不仅要跟随负荷变化，还要跟踪平衡新能源的出力波动，增加了电力系统调节负担。同时，系统缺乏充足的灵活调节电源，新能源协调发电计划安排和优化调度运行难度较大。储能可向电力系统提供调频、备用、黑启动、调峰、需求响应等多种服务，能灵活应用于发、输、配、用各个环节。

同时，可再生能源发电技术的发展也对储能技术提出了新的发展要求。面向“十四五”和中长期发展，一是要推动储能理论和关键材料、模块、系统中短板技术攻关，实现核心技术自主化；二是要持续降低锂电池电子等相对成熟新型储能技术成本，扩大商业化规模，坚持储能技术多元化发展；三是要实现压缩空气、液流电池等长时储能技术进入商业化发展；四是开展储能技术应用示范、首台（套）重大技术装备示范。

7. 智能电网及综合能源系统

经过多年发展，我国电网建设成效显著，源-网-荷领域新技术研发与产业化进程正在不断加快，部分核心技术与装备实现了从“跟跑”到“并跑”，部分技术实现了国际引领。在电源侧，系统性地开展了大规模可再生能源发电并网系列技术研究，建成了世界上规模最大的集风电、光伏发电、储能及智能输电于一体的新能源综合性示范项目——张北风光储输示范工程，有力支撑了我国电网成为世界上风电、光伏发电并网规模最大的电网。在电网侧，全面掌握了自主知识产权的特高压交、直流输电核心技术，柔性直流输电技术打破国外垄断，构建并成功运营了世界上运行电压等级最高、规模最大、技术水平最高的交直流混联特大电网。在用户侧，安装智能电表超过4亿只，建成了全球规模最大的用电信息采集系统及国内覆盖面最广的开放智能充换电服务平台。在重大设备研制方面，自主研发了智能变电站成套设备、特高压输变电设备、智能电网调度控制系统等高端电工装备，达到国际领先水平。

我国积极推进综合能源技术的发展与进步。2020年8月，国家发展改革委、国家能源局发布《关于开展“风光水火储一体化”“源网荷储一体化”的指导意见（征求意见稿）》，提出为提升能源清洁利用水平和电力系统运行效率，更好指导送端电源基地规划开发和源网荷协调互动，积极探索“风光水火储一体化”“源网荷储一体化”实施路径。“源网荷储一体化”侧重于围绕负荷需求开展，即为需求侧的综合能源系统，通过优化整合本地电源侧、电网侧、负荷侧资源要素，以储能等先进技术和体制机制创新为支撑，以安全、绿色、高效为目标，创新电力生产和消费模式，为构建源网荷高度融合的新一代电力系统探索发展路径，实现源、网、荷、储的深度协同。2021 年 3 月，国家能源局在解读“新型电力系统”时表示，要构建新型电力系统，通过装备技术和体制机制创新，推动多种能源方式互联互济、源网荷储深度融合，来实现清洁低碳、安全可靠、智慧灵活、经济高效等目标。要着力推动源网荷储的互动融合，提升系统运行效率，满足各类用户多样化用能需求。引导电力新模式新业态持续健康发展，供给侧要实现多能互补优化，消费侧要电热冷气多元深度融合，不断提高获得电力的服务水平，实现高比例新能源充分利用与多种能源和谐互济。推动电力系统与先进信息通信控制技术的耦合发展，培育新型商业模式，提升电力的综合能源服务水平。其中，网荷储一体化主要包括“区域（省）级源网荷储一体化”“市（县）级源网荷储一体化”“园区级源网荷储一体化”等具体模式，属于综合能源的范畴。

与此同时，我国启动了若干个综合能源利用和多能协同方向的国家级项目和自然科学基金支持的研究，清华大学、天津大学、华北电力大学、中科院等高校和科研院所已经取得了不少成果，正向国际前沿靠拢。

同时，我国发电企业、电网企业、电力上下游企业等社会资本抓住新电改和经济结构转型新机遇，从不同切入点积极稳妥地进入综合能源服务新业态，如清洁热源供热、氢能、大容量储能、分布式能源、配售电业务、微网、泛能网能源互联网、智慧能源项目、综合能源供应与服务，实现能源基础设施互联、能源形式互换、能源技术数据与信息技术数据的互用、能源分配方式的互济、能源与消费商业模式的互利。

国家电网在 2017 年下发了《关于在各省公司开展综合能源服务业务的意见》，开启了向综合能源服务商转型之路，明确将综合能源服务作为主营业务，挖掘园区、工业企业、大型公共建筑等重点客户在降低用能成本、提高能效等方面的服务需求，提升国家电网市场竞争力。2019 年，国家电网印发《推进综合能源服务业务发展 2019—2020 年行动计划》，力争 2020 年综合能源服务营收突破 190 亿元（2020 年实际营收为 240 亿元），引领能源新技术应用，统筹布局综合能效服务、供冷供热供电多能服务、分布式清洁能源服务和专属电动汽车服务等四大重点业务领域。南方电网在2019年印发了《关于明确公司综合能源服务发展有关事项的通知》，明确表示要“进一步明确综合能源服务发展重点和业务界面，为客户提供多元化的综合能源供应及增值服务，支撑公司向能源产业价值链整合商转型”。

在国家双碳目标的战略驱动下，五大发电集团的转型发展正在加速，综合能源服务新业态成为其共同的战略选择，已相继成立了开展综合能源服务业务的专业平台公司。2019年，华能集团首次提出由发电企业向综合能源供应商转型，以市场需求为导向，加快向生产和服务并重转型，打造一流的综合能源服务集团。2019年5月，华电集团发布《中国华电集团有限公司综合能源服务业务行动计划》，打造“清洁友好、多能联供、智慧高效”综合能源服务业务，按照“试点先行、全面推进、引领提升”三个阶段逐步推进，加快布局综合能源服务业务、构建“互联网＋”综合能源服务平台、提升综合能源服务业务支撑能力。大唐集团在2019年正式注册成立智慧能源产业有限公司，主要营业范围包括分布式能源、综合能源服务、节能和储能技术开发投资等，聚焦分布式多能互补、智能微网和增量配网等领域投资、建设、服务。超前开发清洁、高效、经济的智慧能源应用市场。2020年4月，国家电投组建了综合智慧能源科技公司，作为集团公司统筹综合智慧能源产业发展、技术创新和品牌建设的主要载体。基于实践中对典型场景用能、供能特点的研究，针对制约综合智慧能源发展的痛点难点，提供标准化、模块化、菜单式的一站式解决方案。

第二节　面向2035年能源电力科技发展趋势研判

能源电力是科技创新最活跃的领域之一。近年来，全球快速推进能源清洁低碳转型，可再生能源发电、核能利用水平、先进储能技术、氢能技术等新技术取得了重大突破。发展可再生能源、氢能等清洁能源，新型储能，煤炭清洁高效利用，以及综合能源系统，调整能源电力的生产、输送和消纳过程，对能源电力行业的可持续发展，推动能源结构转型升级和能源安全具有重要战略意义。面向2035年，CCUS技术将成为能源电力科技领域研发和攻关的重点。

一、可再生能源将实现高效、低成本、大规模发展

我国风能、太阳能等可再生能源资源丰富，风电、太阳能发电近十年取得了长足发展，我国提出了2030年风电、太阳能发电总装机容量将达到12亿kW以上的发展目标。“双碳”背景下，可再生能源将成为能源绿色低碳转型的主要发展方向，可再生能源发展将进入大规模、高比例、高质量发展的新阶段，实现高效和规模化发展是必由之路。

1. 风能

到2035年，有望开发出1万kW级大型增速永磁同步风电机组关键技术，1万kW级双馈增速型风电机组关键技术。针对低风速地区风电开发，研发出0.3万～1万kW级以上低速型风电机组关键技术。研究适用于塔高200～300m高度的大型风电系统成套技术，开展大型高空风电机组关键技术研究，陆上风电完全实现无人值守。1.5万kW级海上风电装备产业链完全成熟，并实现该量级大型海上风电机组安装规范化和机组运维智能化；2万kW级风电机组实现样机试运行，实现小规模应用。

在关键技术研究方面：大型风电数模混合实时仿真实验技术，先进控制与运维技术，风电机组、风场设计软件开发研究有望突破；通过加快推进风电机组的智能化、数字化、网络化等关键技术研究，风电机组可靠性指标体系研究及应用有望实现；加快突破分散式风电开发建设和优化运行技术，并积极开展风电机组、风电场与电网的耦合特性研究；有序推进海上风电试验检测关键技术、海上风电风机塔架基础一体化、大型海上风电组网研究、集约化的海上升压站研究；深海风电场设计、施工与运维技术，深海浮动式风电机组及其关键部件研制技术有望进一步突破。

在重大工程示范方面：东部沿海地区已形成海上风电统一规划、集中连片、规模化滚动开发态势，预计2万kW级风电机组将实现样机试运行，进行小规模应用示范；海上风电不断向深远海迈进，规模化大容量深远海海上风电工程示范加速开展，风电场单体容量预计将超过500万kW，风电场离岸距离和水深有望超过100km和100m；近海1万kW级海上漂浮式风机研发及小规模工程示范有望近期开展；海上风电制氢工程示范将稳步推进。

2. 太阳能

到2035年，研发出更高效率的光伏电池，钙钛矿等新型太阳电池实现

规模化量产，使光伏发电成为主要能源之一。攻克 600～800℃太阳能热发电高温传热介质聚光集热、传热、蓄热技术和配套的热力循环技术，实现热发电度电成本低于 0.25 元/kWh，预计光伏发电成本低于 0.15 元/kWh。

在关键技术研究方面：经过对光伏器件的制备及产业化技术发展研究，高效异质结太阳电池制备装备及产业化技术有望加快突破，高稳定性钙钛矿、钙钛矿/晶硅叠层太阳电池机理研究及产业化技术成为研究新方向，有望开发效率大于 23%的高效薄膜（PSC、CIGS、CdTe 等）太阳电池制备装备及产业化技术；产业化晶硅电池效率有望达到 26%以上，接近晶硅电池效率的理论极限；在新型太阳电池基础理论、制备关键技术、光伏系统集成方面加速取得重大突破，积极开发光伏电站的智能化、数字化、网络化等关键技术。

在重大工程示范方面：开展 50 万 kW 级水面漂浮式光伏电站工程示范，10 万 kW 级近海海面漂浮式光伏电站工程示范建设，加强消浪技术研发；建设太阳能制氢示范基地；推进“光伏＋储能”“光伏＋建筑”“光伏＋牧场”“光伏＋水产养殖”等场景示范应用。

二、核能利用实现安全、高效和废物最小化

核能是一种清洁低碳的能源，降低碳排放的同时，还减排大气污染物，并且具有稳定的供应能力，通过与风光等可再生能源互为补充、协同发展，能够作为稳定的基荷电源支撑大比例可再生能源接入。我国明确了在确保安全前提下积极有序发展核电，重点开发沿海核电，适时启动内陆核电的发展思路。

到 2035 年，以先进轻水堆、液态金属快堆、超高温气冷堆和可控聚变等为代表的先进核能及配套的先进核燃料循环达到世界领先水平。突破乏燃料后处理及高效废物处理、处置。全面掌握核心关键技术，实现核能资源利用最大化和废物最小化，支撑核工业由跟跑向总体并跑、局部领先发展的跨越，核领域原始创新成果不断涌现，全面助力建成核强国。

在关键技术研究方面：经过对可控核聚变工程实验堆和材料研发的研究，有望在 2035 年完成中国聚变工程试验堆（CFETR）立项建设；兆瓦级超高温气冷快堆空间核电源的关键技术有望突破，并完成兆瓦级空间堆电源地面试验；此外，有望攻克反应堆先进设计、分析平台研发，先进核燃料材

料研制，核动力装置小型化微型化，超高温气冷堆关键设备材料研制等关键技术。

在重大工程示范方面：有望加快建设三代改进型大型压水堆，建造100万kW商用钠冷快堆、超高温气冷堆，开展模块式先进小型压水堆和特种核动力示范工程，以及乏燃料后处理示范工程。

三、储能实现经济、安全和可持续发展

面向碳达峰、碳中和目标，我国着力构建新型电力系统，新型电力系统具有高比例可再生能源接入的特征，电源侧电源出力间歇性和波动性增强，用户侧负荷呈多样性变化，储能将在促进新能源的消纳和保障电力系统安全稳定运行等方面发挥重要作用，成为支撑可再生能源稳定规模化发展和保障能源安全的关键技术。

到2025年，锂离子电池在交通运输，固定存储、电子产品方面会持续增长，预计在未来10年内，锂离子将占据所有市场的大部分储能增长。而钠离子电池与锂离子电池工作原理类似，具有成本低、能量密度及工作更长、充电速度更快等优点。在锂离子电池很难同时支撑电动汽车和规模储能两个市场的情况下，预计钠离子电池在储能市场的前景则较为广阔。计划到2035年累计投产抽水蓄能装机容量超过1.5亿kW，储能技术达到世界领先水平，系统储能效率不断提升，突破中长时间尺度储能技术的限制，实现储能技术与其他技术的组合，如突破光伏和储能的混合动力系统，实现能源的转换应用。通过压缩空气储能与锂电池的技术结合来提高锂电池的使用寿命，全面实现适合高智能、大规模、宽时间尺度和频率、高安全、长寿命和低成本的综合性能优异的先进储能技术。

在关键技术研究方面：经过对新材料、装置与系统等各环节的探索研究，高储能密度低保温成本热化学储热技术、新概念电化学储能技术、基于超导磁和电化学的多功能全新混合储能技术等有望实现巨大创新，锂电池中长时间尺度储能技术有望取得重大突破：电池循环寿命≥15000次，系统能量转换效率≥90%，预期服役寿命≥25年；飞轮储能突破大型飞轮电机轴系、重型磁悬浮轴承、大容量微损耗运行控制器以及大功率高效电机制造技术。研究新热能-电能转化与储存技术、新机械能-电能转化与储存技术、光能-电能转化与储存技术、可再生能源-长时间储能的化学储能技术、储能系

统与发电机组结合以及其他耦合多种能源储存将会是探索和验证新型储能转化的重要方式和途径。

在重大工程示范方面：锂电池有望实现1000万kWh级别的工程应用。新型压缩空气储能有望突破10万kW/8亿kWh量级，系统设计效率大于70%的工程应用。飞轮储能有望突破1万kW/1000MJ规格的单机及阵列装备制造技术，建成大型飞轮储能系统在新能源发电中的应用示范。综合热储能有望建成10万kWh级储能电站示范项目。

四、氢能形成完整的供应链和产业体系

未来发展中，氢能将成为以可再生能源为主的能源体系中重要的二次能源，具有远距离输送、大规模存储和“氢-电”互换的特性。氢能在源端可以促进可再生能源的消纳，网端通过大规模高压储氢系统实现电网“削峰填谷”，终端能够提高能源终端利用效率。此外，氢能能够促进交通清洁化转型。氢能能够有效耦合化石能源和可再生能源系统，是构建现代能源体系的重要能源。

制氢成本及技术方面，预计到2025年，以工业副产氢与结合可再生能源的电解水制氢为主要氢源，平均制氢成本降至20元/kg，储氢成本15～20元/kg。到2035年，形成可再生能源电解水制氢、工业副产氢与化石能源制氢和CCUS构成的氢能供应格局，制氢成本降至15元/kg，储运成本降至12～15元/kg。到2050年，实现低成本的绿氢蓝氢供应，预计制氢成本降至10元/kg，储运成本降至8～10元/kg。

电解槽成本及能耗方面，根据国际可再生能源署（IRENA）的数据，2017年，碱性电解槽和PEM电解槽的系统安装成本分别为5842.5元/kW和9348元/kW；预计到2025年，碱性电解槽和PEM电解槽的总系统安装成本将分别下降至3739.2元/kW和5453元/kW。预计到2025年，耗电量下降至49kWh/kg和52kWh/kg。碱性电解槽和PEM电解槽生产单位千克的氢气所消耗的电量的年均下降速度分别为0.50%和1.37%。国内碱性电解槽安装成本大约在1860元/kW，PEM电解槽安装成本大约在11149元/kW；到2035年，国内碱性电解槽的安装成本大约在1030元/kW，PEM电解槽的安装成本大约在5413元/kW。耗电量方面，预计到2035年，国内碱性电解槽和PEM电解槽耗电量分别为46.6kWh/kg和45.3kWh/kg。

制氢成本方面，预计未来5—10年内，随着可再生能源电价下降，PEM电解水制氢能耗下降，电解槽等核心零部件逐步实现国产化规模化生产，由于PEM电解与光伏发电系统具有较好的适配性，预测2025年和2035年的PEM电解制氢成本分别为28.25元/kg和17.94元/kg。2025年和2035年的碱性电解制氢成本分别为17.83元/kg和11.99元/kg。预计到2035年，燃料电池系统功率密度将由当前约3.1kW/L全面提升到约4.5kW/L，乘用车、商用车电堆寿命将由当前的5000h、15000h分别增加到6000h、20000h。随着技术不断进步、生产规模逐步扩大，氢燃料电池系统的成本必然随之下降，预计未来10年生产成本将降至目前的50%。

展望未来的制氢路径，可再生能源发电电解水制氢是实现“绿氢”的最好途径。从我国国情来看，煤制氢技术路线仍将长期存在，但是需要叠加CCUS技术，将“灰氢”变为“蓝氢”，才是实现可持续发展的方向。秉承“废氢”可以利用的原则，工业副产氢将是近期氢气来源的重要补充。从经济性看，随着可再生能源发电成本的不断下降，经济性不断凸显，可再生能源发电电解水制取的“绿氢”在经济性上也将取得竞争力。预计2025年，制氢将以工业副产氢提纯为主，可再生能源电解水制氢试点运营，到2035年，实现低碳排放制氢，包括利用可再生能源制氢，以半集中化制氢为主；工业副产氢提升利用效率。到2050年实现零碳排放制氢，以集中化制氢为主。

在关键技术研究方面：通过开展氢燃料电池核心部件低成本批量化研发及系统稳定运行研究，质子交换膜、催化剂和碳纸等关键技术有望实现自主化、产业化；提高金属双极板、空气压缩机、氢气循环系统等关键性能指标；通过重点研究PEM和SOEC电解槽和离子压缩机，有望加快突破液氢、深冷高压及管道等储运技术，开发能使用现有石化能源分布式供应设施平台的高储氢量、中低温可循环储放氢的有机液态储氢系统；通过研究基于钙钛矿太阳能电池的高效光伏电解水制氢方法，以及用于光解水制氢的高效低成本钙钛矿太阳能电池、电催化剂的设计及其制备理论，有望开发具有高效气、水、电、热传输与高耐压及抗腐蚀的电解池流场及集电器结构；加快研究建立电解水制氢系统的气、水、电、热的综合管理及智能化控制模型。

在重大工程示范方面：重点突破基于氢-热耦合的大规模、高密度可逆固态储氢系统的设计制造技术，低成本质子交换膜（PEM）水电解制氢电堆关键材料制备技术，低成本长寿命碱性膜燃料电池电堆研制技术，管式固体氧化物燃料电池发电单元及电堆关键技术，高效大功率碱水电解槽关键技术开发与装备研制，以及建设十万吨级可再生能源电解水制氢合成氨示范工程。管理策略方面，有望构筑电解水系统-固态储氢系统-终端用能系统的集成能-质管理，提出不同场景和模式下的制氢-储/释氢-用氢时空匹配策略。

五、燃煤发电实现高效、灵活和低碳发展

燃煤发电是我国社会经济发展的主体电源，煤电机组也已经进入了大容量、高参数、高效率、超低排放时代。在相当长时期内，煤炭仍是能源安全稳定供应的“压舱石”，支撑能源结构调整和转型发展的“稳定器”。为了落实“双碳”目标，我国需要继续积极推动煤电清洁低碳转型发展，进行煤电机组节能减排和灵活性改造，加大落后煤电机组的淘汰力度。同时，推动碳捕集与封存技术开发与应用，促进燃煤发电清洁低碳高效利用。

预计到 2035 年，先进燃煤发电机组发电净效率超过 50%，高灵活燃煤发电机组实现 15%～100%调峰；大幅降低燃煤污染物控制成本，消除污染物控制过程中的二次污染，燃煤发电及超低排放技术进入整体国际领先；建成百万吨级碳捕集、驱油与封存示范工程，形成国际领先、高效实用的大规模 CCUS 全流程成套工艺和关键技术。

在关键技术研究方面：加快形成可再生能源与燃煤的高比例耦合多源互补发电技术，完成 30 万 kW 光煤互补燃煤发电机组示范运行，太阳能发电功率达到 10 万 kW；突破高效低成本烟气多污染物（烟尘、SO_x、NO_x、VOCs）协同脱除技术和多种重金属污染物联合脱除技术；加快推进 30 万 kW 等级 600℃超临界 CO_2 发电系统示范运行，发电净效率不低于 50%；30 万 kW 等级闭式 SCO_2 循环＋富氧燃烧发电系统示范运行，净效率不低于 43%；5 万～10 万 kW 级 IGFC 的工程示范运行，形成具有自主知识产权的 IGFC 发电技术，实现净效率不低于 55%。通过对关键部件设计方法和成套技术优化研究，有望突破煤基化学链燃烧/气化技术和无焰富氧燃烧技术。此外，加快开发 CO_2 化工利用技术，规模化 CO_2 生物利用技术，探索 CO_2 利用新途径。

在重大工程示范方面：机组方面，推进 60 万 kW 等级 650℃超超临界机组工程示范，净效率不低于 47%；突破 60 万 kW 等级 700℃超超临界机组的

工程示范及应用，净效率不低于50%；加快60万kW等级高灵活性燃煤发电技术研发及工程示范，实现调峰范围为10%～100%，升负荷速率达到5.0%/min目标。系统方面，加快实现基于先进燃气轮机的IGCC系统商业化运行，发电净效率不低于50%。有序实施百万吨级CCUS全流程重大工程。

六、智能电网技术支撑实现高比例新能源消纳

以新能源为主体的新型电力系统具有“双高”特征，高比例可再生能源的接入与高比例电力电子设备的应用，使得电网电压和频率波动问题凸显。为了实现电力系统平衡、稳定、高质量运行，智能电网技术不仅需要有效协调发电厂、电网运营商、最终用户的需求和能力，最大程度地降低成本和环境影响，同时要保证最大的系统可靠性、适应性和稳定性。

到2035年，建成满足高比例可再生能源友好并网和大规模输送的现代电网体系，构建千万千瓦级多电压等级大规模直流电网，实现陆上和远海70%以上高比例新能源多能互补、时空互济、高效输送和全网消纳。

在关键技术研究方面：重点研究高温、高频以及交直流场下新型绝缘材料的国产化及性能提升、制备工艺及全寿命评估技术；大功率电力电子器件技术，多时空尺度风、光资源精细化模拟技术，可再生能源发电功率概率及爬坡预测技术，广域分布式可再生能源集群预测技术；源网荷储系统多目标广域联合协调控制技术，高灵敏、高可靠的故障快速识别和保护控制技术；配电网多能互补基础理论与数字孪生仿真技术，多端柔性互联配电网规划与运行控制技术。

在重大工程示范方面：集中式/分布式可再生能源并网优化控制与主动支撑技术，分布式可再生能源集群虚拟电厂运行技术；特高压柔性直流和混合直流技术，远海风电直流送出技术，柔性直流电网互联技术，直流和交直流混合组网技术，基于柔性变电站的源网荷储协调技术；风电/光伏/光热等多类型可再生能源及储能协同规划技术，大规模海上风电基地交直流并网协同规划技术。

七、综合能源系统支撑可再生能源多样化利用

在“3060”目标下，我国要大力构建新型电力系统，可再生能源将迎来高质量大比例发展、进一步引领能源生产和消费的主流方向，发挥能源绿色

低碳转型的主导作用。我国电力系统的结构型态、运行控制方式以及商业与管理模式也将发生根本上的改变，能源供给将坚持集中式和分布式并举的方式。大规模高比例可再生能源的接入，使得电网波动性和间歇性等问题更加突出，综合能源系统能够在电源侧和需求侧实现电力系统稳定运行和互动优化，支撑可再生能源多样化利用。

综合能源系统的要义是源网荷储一体化和多能互补的融合发展。源网荷储一体化是指通过优化整合本地电源侧、电网侧、负荷侧资源，以先进技术突破和体制机制创新为支撑，强调发挥负荷侧调节能力、就地就近灵活坚强发展，优化整合特定区域的电源、电网、负荷和储能资源，实现源网荷储一体化融合发展的局域性综合能源系统。多能互补是指利用存量常规电源，合理配置储能，统筹各类电源规划、设计、建设、运营，优先发展新能源，强调强化电源侧灵活调节作用，优化各类电源规模配比，以及确保电源基地送电可持续性。

在供给侧，对于不同存量常规电源，因地制宜实施存量“风光水火储一体化”提升。对于西南水电基地，依托龙头电站优化出力特性就近打捆新能源，稳妥推进增量“风光水（储）一体化”；对于“三北”风光资源丰富地区，探索推进增量“风光储一体化”，关注技术可行性和综合竞争力；对于以煤电为主的地区，严控推进增量“风光火（储）一体化”，控制煤电规模，扩大就近打捆新能源电力规模。

在需求侧，全面开放市场化交易，通过价格信号引导各类市场主体灵活调节、多向互动，推动建立市场化交易用户参与承担辅助服务的市场交易机制，培育用户负荷管理能力。提高需求侧调峰积极性，借助于互联网技术、“大数据”与“云计算”技术，满足用户多样化能源需求。按需分配电热冷气水，终端和供给智能协调互动。最终实现源-源互补、源-网联动、网-荷-储互动、源-网-荷-储高度协调，生产和消费双向互动，集中与分布相结合的能源服务网络。在能源资源富集区、产业园区等地区，因地制宜建设“源网储＋冶金/化工/建材”“源网储＋大数据中心等新产业”等能源一体化综合利用工程，推动电、热、冷多能协同供应和能源综合梯级利用。

到2035年，综合能源系统将全面支撑可再生能源低成本多样化利用，使得城市综合能源利用效率提高20%以上。建成百万人口级城市能源互联网系统，能源网-车联网-信息网深度融合，用户能源全面参与供需互动，实现综合能源利用效率提升 20%以上，电能峰谷差降低 30%以上，清洁能源利用占比达到 80%以上。

在关键技术研究方面：研究综合能源系统中各种能源间高效、低成本转换技术，综合能源新型输配技术，多种能源互联互通形式下综合能效提升技术；用户侧高储能密度储热（蓄冷）与多能联供技术，电-气-热高效转换和存储技术，广义储能联合规划与运行优化技术等。

在重大工程示范方面：在综合能源系统中深度融入数字化技术，优化综合能源系统规划理论方法，提升综合能源系统优化管控技术，满足多种能源互联互通需求的能量路由控制，协调规划与联合运行优化区域电力-交通-天然气-供热管网综合能源网络系统。

八、能源技术实现数字化、智能化、标准化

大数据、云计算、物联网、移动互联、人工智能等新技术快速发展，给能源电力领域发展带来新的机遇。未来将充分应用“大云物移智”等现代信息技术，推动源网荷储向智慧卓越模式发展，全面支撑能源与信息交互，从而推动能源电力的网架坚强和广泛互联，大幅提升信息传输与处理能力，进而推动能源电力生产、经营管理及智能控制能力的发展。数字化、智能化能源技术将推动能源系统联通更加便利、高效、智能化，并且更加可靠和可持续化。

在关键技术研究方面：重点研究能源电力数据高精度模数转换采集控制技术、并行处理硬件加速引擎技术；微能源收集、低功耗传感网络、可靠性评估等传感支撑技术；物联网全域接入条件下能源电力大数据源头治理技术；能源电力大数据场景下区块链密码算法、共识机制和智能合约的融合应用技术；能源电力行业的人工智能共性算法模型、跨媒体多模态智能计算与推理技术。

在重大工程示范方面：开展 60 万 kW 等级的智能发电工程示范，实现火电机组与智能电网的一体化智能运行；通过数字孪生技术建立虚拟模型进行发电设施的测试和分析，并预测潜在的维护和运行问题。

本 章 小 结

近年来，面对气候变化、能源安全等挑战，以构建低碳绿色新一代能源

系统为核心的能源转型已成为全球能源发展方向，世界主要发达国家纷纷抢占能源技术领域制高点，能源科技发展交叉融合信息等技术领域，为解决能源问题提供了重要的新思路和新方法。

我国能源新技术不断涌现，为能源革命奠定了坚实基础。针对构建清洁低碳、安全高效的现代能源体系，以及实现碳达峰、碳中和重大战略目标，能源电力科技发展整体呈现非化石能源高效规模化发展、化石能源清洁低碳化发展、新型电力系统融合发展的态势。到2035年，我国可再生能源将实现高效率规模化发展；核能及配套的先进核燃料循环核心关键技术取得重大突破；储能技术达到世界领先水平，系统储能效率不断提升；氢能实现全产业链贯通及终端应用产业化；燃煤发电及超低排放技术进入整体国际领先；建成满足高比例可再生能源友好并网和大规模输送的现代电网体系；建成全面支撑可再生能源低成本多样化利用的综合能源系统；能源技术实现数字化、智能化和标准化。

中国华能
中国华能

第二章

能源电力科技发展重点方向及可能出现的重大突破预判

构建新型电力系统，是践行习近平总书记“能源的饭碗必须端在自己手里”重要举措，是实现碳达峰、碳中和的重要途径。新型电力系统接入更高比例的风电、光伏等新能源，辐射与之关联的储能、氢能、CCUS、智能电网等重要领域。

2021年初，华能集团提出“开启二次创业新征程”，要求全集团在碳达峰、碳中和目标引领下，全力打造新能源、核电、水电三大支撑点，这与新型电力系统的发展方向不谋而合。当下，华能集团已经在核电、水电方面实现了开创性突破，“十四五”期间还将在这两个方向蓄势，在“十五五”乃至之后发挥更大作用。“十四五”期间将重点在风电、光伏等新能源方向发力，打造原创技术策源地，争当产业链“链长”，发挥央企引领作用。

为助力实现上述目标，本章结合华能集团已有技术产业基础，梳理在新能源及相关方面潜在的重大突破，预判能源电力产业发展趋势，提出产业化发展思路，为能源电力行业“十四五”乃至“十五五”期间发展提供参考。

第一节 风电技术

一、重点技术方向

我国风电已从原有的粗放式无序发展，逐步迈向精细化管理的集约化发展模式，在面临着无补贴上网的现实情况下，风电产业的健康持续发展离不开技术驱动带来的降本增效。所谓降本增效，即从风电产业的全生命周期出发，以勘察、制造、安装、运行四大环节为抓手，以精细化、规模化、大型化、智能化为发展目标，共同实现风电度电成本的降低。

在资源勘察方面，通过技术手段，降低人员劳动强度，加快勘察速度，提高数据精度和科学性。进一步潜在的发展趋势包括：高精度风资源评估、多源中微尺度数据耦合、海上资源环境综合测量、静力触探、智能钻探、无人探测设备等。

在全场设计和制造方面，主要考虑海上风电深远海、平价化发展的趋势，以适应风场环境和降低造价成本为根本导向。进一步潜在的技术发展趋势包括：机组定制化开发、新型陆上及海上固定式基础、海上漂浮式风电、中高压大容量交直流海底电缆、轻量化升压站（汇流站）设计、海洋牧场、多能互补融合开发等。

在具体机组技术方面，以提高机组对风能的利用能力和自身控制水平为主要目的。进一步潜在的技术发展趋势包括：主控及可编程逻辑控制器（PLC）技术、超长柔性风机叶片、大功率发电机、高强度主轴和轴承、机组内电气系统重构、大功率电气元件等。

在安装方面，主要目的在于适应大容量机组、提高运输安装效率、降低安装风险、提高安装精度。进一步潜在的技术发展趋势包括：漂浮式基础运输施工技术、大直径单桩嵌岩技术、水下沉桩技术、大型运输吊装一体化船舶、大功率高密度打桩设备、安装运输调度管理平台技术等。

在运行方面，以智能化手段，提供高精度运维数据，降低人员劳动强度和风险，提升运维质量，保障设备安全稳定运行。进一步潜在的技术发展趋势包括：高精度功率预测技术、机组及升压站设备的智能安全监测、海底电缆及风机基础的水下智能检测、风场数字孪生、高专业化程度的运维船只及配套的自主水下无人机（AUV）或遥控水下无人机（ROV）、智能运维调度等。

从风电发展的全生命周期考虑，具体技术方向如下：

1. 海上风电环境精细化资源评估技术

考虑风-浪-流-土等环境资源历史数据、测量数据的多维、多源、异构、多态、海量等复杂特征，完成多维多源异构环境资源数据整合技术研究；分析风-浪-流-土等环境资源数据的时空特性，实现多维多源环境资源数据存储管理关键技术。

研究大气、海洋环流和海浪之间的作用机制，建立区域气象、海洋环流、海浪三种模式间双向参数传递和物理量交换方法。研究多源资料同化技术、模式数字滤波初始化技术、物理云初始化技术、模式启动技术等关键技术，提出四维资料同化解决方案，形成高精度、高分辨率资源图谱。

2. 陆上风电大基地资源评估技术

研究适应大型基地的风电资源评估和时空分布特性，完成中尺度数值模拟方法研究。基于数值模拟、资料同化和云计算技术，进行全国范围风资源的降尺度数据计算及精度修正，形成全国性的风资源精细化图谱。

研究适用于大基地规模的风电场规划设计方法，建立一套大型风电基地建设规划的经济性影响因素及评价指标体系。

3. 风电功率预测关键技术

通过研究风电场尾流的演化过程和恢复机理，分析粗糙表面、大气稳定度、机组排布方式、风电场面积、风电场容量等对风电场尾流的影响规律，建立风电场尾流效应模型，提出场群尾流效应的叠加模型；提出大规模风电基地场群发电量精细化测算方法。

4. 海底智能钻探和静力触探

新型海洋工程勘察钻机主要适用于海洋沉积淤泥地层、黏土地层、砂质黏土、粉砂层、砂层、砂砾岩地层、基岩等钻进地层，能满足各种地层中不同钻进取样工艺的需要，可用于浅海、江河的港口、码头、跨海大桥等工程的地质勘探、勘察钻探施工。钻探平台包含波浪补偿系统，可有效补偿船舶由于受到波浪的影响，而造成钻探平台的升降运动。在波浪补偿系统的作用下，钻探平台可保持相对静止，大大提高了海洋工程勘察对恶劣海况适应能力，提高了钻探的作业效率和质量，保证了施工安全。

通过静力触探试验得到的数据，可用于风机基础的设计，可用于打桩可行性的判断，也可用于海底输电线路走向的选择。与其他各种勘察技术相比，静力触探更经济、更高效、数据更可靠，受到了广泛的欢迎，是海上风电项目中不可缺少的勘察手段。由于海上施工条件复杂，与陆地静力触探相比，在海上开展静力触探试验难度相对较大。目前在海上开展静力触探试验的方法主要有四种：平台式静力触探（Platform CPT）、近岸式静力触探（Nearshore CPT ）、海床式静力触探（Seabed CPT）和孔下静力触探（Down-hole CPT）。

5. 大型海上风电机组核心部件关键技术

通过研究超大型海上风电机组主轴承、偏航/变桨轴承、齿轮箱轴承部件强度、振动等服役性能参量的变化规律，分析轴承腐蚀失效机制，实现超大型机组及关键部件的国产化设计和生产制造；开发出海上风电机组数字信号处理（DSP）、现场可编程门阵列（FPGA）等集成电路国产化芯片，实现断路器、隔离开关等关键部件国产制造。

6. 大容量高压交直流海底电缆关键技术

大容量高压交直流海底电缆具有传输距离远、损耗小、热效应低等特点，适用于海上风电向大容量、深远海发展。

大容量海底电缆绝缘料在直流电压作用下内部空间电荷的形成、分布及运动机理研究；绝缘料电导率与温度、电场相互作用机制，电场、热场等多场耦合下绝缘材料内部场强分布特性研究；柔直海缆稳态电压下、暂态过电压及电场反转下绝缘内部电场分布研究；高压直流电场作用下柔直海缆导体温升机制研究；海缆交联过程中链式反应机理，形成柔直海缆交联度设计工艺。

7. 轻量化、模块化升压站（汇流站）设计技术

优化设计海上风电升压站或汇流站、对海上变电站进行轻量化设计，既可大幅减少建造成本、缩短工期，还可降低对吊装船的吊装能力要求。一方面，在满足海上风电场电能送出的要求下，尽量精简电气接线，以减少电气设备；另一方面，通过将舱室紧凑化和取消非必要的舱室来压缩海上变电站的尺寸与质量，以实现海上变电站的轻量化。

8. 深远海漂浮式风电技术

提出基于全生命周期度电成本的漂浮式风电技术路线，提出适合我国远海深水区风资源条件的风电机组优化布置方法；研究极端海洋环境荷载作用下大容量海上风电机组基础的荷载联合作用计算方法，研究风机-支撑结构-系泊系统-锚固基础一体化分析方法；开发远海风电机组施工与建造技术、远海风电场并网技术、深水电缆铺设技术与装备。

9. 海洋牧场开发技术

海洋牧场技术主要针对未来海上风电进一步降本增效的要求，以多元化的收益为基础，降低电价变化带来的敏感性，实现关键技术突破和示范性项目的落地。

研究海洋牧场与综合能源融合发展理念及机制，开展空间融合、结构融合、功能融合评估。研究海洋牧场融合发展的功能装备与安装运输技术，开展总体布置、设备选型、主体强度计算、网衣强度计算。评估综合能源利用对海洋环境和养殖环境影响，研究负面影响抑制技术，如空化引起的水下噪声的抑制、协同污染控制技术等。实现海洋牧场设备的制造安装。

10. 海上风电施工关键技术

海上风电整体安装技术研究；克服风浪和涌浪共存的环境条件，研究开敞外海波浪的双风谱或者多风谱条件；利用风浪、涌浪分离重新判断预测施工窗口期；开发自升自吊式、运装一体式的安装船只；提供海上施工环境的安装运输调度管理平台技术；开发大功率高密度打桩设备。

11. 全生命周期风电运行管理平台开发技术

信息、作业、运维、物资、供应商的一体化管理研究；以工单为载体承载标准作业的标准、流程研究；业务信息档案建立和共享技术研究；智能化人员、物资管理调配技术研究；建立风电场运行管理指标智能分析与指标体系，搭建全生命周期风电运行管理平台。

12. 风电机组故障预测和健康管理技术

开发智能预测和主动运维技术，实现提前预警、智能预测、优化设计、降本增效；研究基于故障预测与健康管理（PHM）系统的主动运维流程；研究基于风机状态实时感知和监测技术；研究基于大数据平台的故障预警模型、预测分析和健康管理技术。实现主要风电机型数据故障库建立和算法模型的完善，在充分数据收集整理基础上实现对在运风电机组的故障预测和健康管理等高级功能。

13. 智慧化运维设备开发技术

风电巡检无人机控制逻辑和图像识别技术研究；风电智能巡检机器人中控系统、路径规划、远程同步操作技术研究；海上风电海底巡检无人艇基础结构、关键设备和图像识别技术研究。开发出具有自主产权的智慧化运维设备并实现初步应用。

二、关键产品布局

1. 大兆瓦抗台风机型

通过大型海上风电机组核心部件关键技术的研究，完成具有自主知识产权的国产化机组设计平台的搭建，形成大型国产化风电机组的全产业链设计、制造、检测、安装能力；通过对海上风电精细化资源环境的评估，形成适用于我国多台风环境条件下的机组抗台风策略；通过国产化的 PLC 等硬件的开发研究，形成国产化的控制设备；通过对海上风电大容量海底电缆的研究，形成大截面大载流量的海底电缆产品，并实现规模化生产。基于上述技术和设备的储备，研制国产化的大兆瓦抗台风机组，逐步实现样机制造和规模化示范项目的落地。

2. 国产化主轴承

对大容量风电机组配套所需的大直径轴承进行研究，通过材料、布局和生产工艺的研究，攻克影响大直径轴承寿命的防腐、防潮和防冲击问题，实现整个轴承系统的整体化研究，设计适合我国高风速台风区的轴承技术。基于上述技术，实现国产化大直径主轴承的生产和规模化配套安装。

3. 新型基础型式

通过对基础结构高效优化算法及优化结构选型平台开发，实现适用于不同海况和地质条件的多种新型基础形式的创新设计。在深入分析不同海上风电机组基础结构特点，风电场所处海域的地质、风能资源、海洋水文等环境条件的前提下，通过对示范风电场区域进行详细的测风、海洋水文观测、地质勘察等前期工作，在现有基础型式的基础上（复合桶基础、导管架基础等），实现新型低成本基础型式的样品试制和进一步的大规模示范应用。

4. 大规模海上风电集群组网送出核心部件及工程

通过对全国产绝缘栅双极型晶体管（IGBT）、集成门极换流晶闸管（IGCT）以及碳化硅器件等核心技术攻关，实现国产大功率电力电子器件在海上风电并网装备、直流输电装备中的示范应用，解决海上风电产业高性能电力电子器件“卡脖子”问题。开展基于国产化电力电子器件的新型新能源并网装备开发与工程应用。采用风电场-海上换流站-直流海底电缆-陆上换流站的系统设计方案，实现大规模海上风电机组网送出示范工程的建设。

5. 大型液压打桩锤

液压打桩锤是一种以液压油作为工作介质，利用液压油的压力来传递动力，驱动锤芯进行打桩作业的基础施工装备，是目前海洋资源开发施工的主力装备。随着海洋强国战略和“一带一路”倡议的深入实施，国内对大型液压打桩锤的需求巨大，但大型液压打桩锤技术开发难度大、风险高，目前全球市场由欧洲公司垄断，我国所用装备全部从国外进口，严重制约我国海洋资源开发特别是海洋风电产业的快速发展。

开发高功率密度的大型液压打桩锤，配套精准定位、垂直度控制等核心技术；开发拥有自主知识产权的精确打桩过程模拟软件。

6. 专业化运维母船

运维母船续航能力强、甲板空间面积大、操作性能优异，可实现风场内设备、维修备件的高效运输和存储。运维母船同时配备了运维工作子艇、登乘平台和铝合金直升机平台，可大大提高人员的调配效率；配置动力定位系统、配备可升降波浪运动补偿栈桥和折臂式海工起重机，可实现在严苛海况下的人员或设备转运以及风场维护作业，其安全性能和工作效率远高于常规的运维船。

开发专业化的运维母船，对运维母船的船型设计、应用场景、登靠系统、动力定位系统、动力系统、智慧船舶系统进行技术突破，在运维母船路径规划、窗口期管理、运动补偿廊桥、自动化仓储等方向实现国产化。

三、产业化发展路径

1. 超长柔叶片制造

未来面向大兆瓦机组的新型超长柔叶片的制造是产业化的重要路径之一。基于叶片结构、载荷和气动力研究方面的突破，以 LOCE 最低的多目标优化设计，开发高性能翼型，优化低成本、高性能材料的应用，推进模块化和智能化引导的提速降本，全产业链协同，实现适用于大兆瓦机组的超长柔叶片的设计和生产制造。

2. 新型基础及塔架制造

风电塔筒作为风力发电机组的塔杆，主要起支撑作用，同时吸收发电机组振动，对整个风力发电机组起着至关重要的作用。国内风电呈现出明显的大容量、长叶片、高塔筒趋势，对塔筒企业的技术实力、供应能力等提出了更高的要求，需要在结构、载荷、防腐蚀方面进行较强的综合考量，实现适用于大容量、深远海的不同基础形式结构和塔架的研发与生产制造。

3. 智能水下巡检装备制造

目前，国内水下部分巡检设备较为落后，智能化程度低，严重依靠人员下水探摸，安全性差。因此，AUV 和 ROV 的研发和使用就尤为重要。需要重点突破总体设计技术、自主控制技术、自主对接与回收技术、水下数据链通信技术等，实现智能水下巡检装备自主研发与制造。

第二节　光 伏 技 术

一、重点技术方向

1. 晶硅电池组件技术

市场常见的光伏电池包括晶硅电池、薄膜电池［铜铟镓硒（CIGS）、碲化镉（CdTe），砷化镓（GaAs）］等。目前，占据市场绝对主流的仍然为晶硅太阳能电池，2019年晶硅电池产量占全部太阳能电池产量的95.37%。我国晶硅电池技术更新迭代速度非常快，平均效率发展路线如图2-1所示。

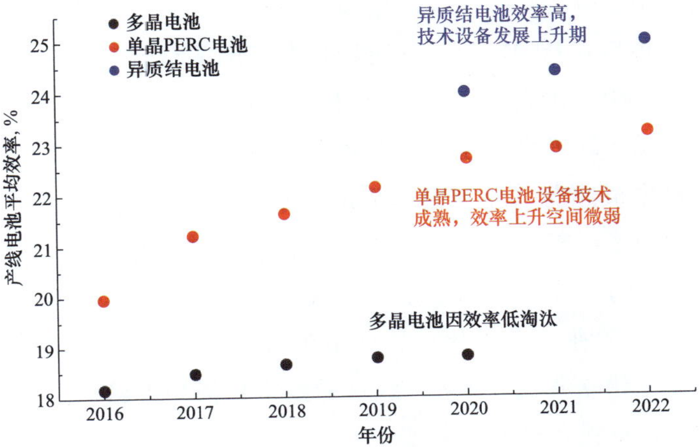

图2-1　太阳电池产线发展路线图

从图2-1可以发现，多晶电池转换效率低于19%，因效率低已被单晶PERC电池取代，逐渐退出光伏市场。单晶PERC电池是当前的主流产品，转换效率在22.3%～22.9%之间，市场份额占比超过90%。

PERC电池通过在背面增加钝化层，阻止载流子的复合行为，减少电损失，同时增强电池背表面光反射，减少光损失，进而提高电池转换效率和电池性能。目前，PERC技术已经完全成熟并得到了大规模应用，较常规组件技术可提升5%以上的发电量。PERC单晶组件是目前性价比较高的组件类型，2019年市场占比已超过65%。然而，伴随PERC电池技术瓶颈，效率提升空间微乎其微，如何在未来光伏市场中具有竞争力，成为众多光伏企业必须面对的问题。

TOPCon采用超薄氧化硅隧道层和掺杂多晶硅形成的隧道结来钝化晶体硅表面。1～2nm的超薄隧穿氧化层具有很好的选择性，可使多数载流子隧穿进入多晶硅层，并阻止少数载流子复合，提高开路电压并有效降低电阻损失，具有较好的钝化效果。TOPCon电池结构无需背面开孔和对准，极大地简化了电池生产工艺，相较于PERC电池，TOPCon仅需增加氧化硅及多晶硅叠层钝化、绕镀清洗工序，同时将扩磷改为扩硼，便可与当前的量产工艺兼容。电池实验室研发效率可达25.8%±0.5%，工业领域量产效率能够达到23%～23.5%，天合、中来已实现吉瓦（GW）级量产，其中中来拥有2.4GW产能。

异质结太阳能电池是基于晶体硅和薄膜技术相结合，兼容两种技术优点发展起来的一种高效新型电池。其结构具有三明治结构特点，即中间是晶体硅，两侧是对称生长的薄膜，即非晶硅薄膜和TCO薄膜。该结构的电池特点是开路电压高，转换效率高，温度系数低，发电量高，天然的双面发电电池，而且容易做成超薄（如厚度90μm）可弯折的太阳能电池，是行业公认的下一代光伏市场的新产品，效率和发电量方面极具竞争力。HIT电池理论效率可达27%以上，目前电池实验室研发效率26.63%，现有产线平均效率约23%，随着工艺进一步优化，量产电池片效率可提升至24%以上水平。部分国内厂商已建立兆瓦（MW）级试验线，积极探索量产途径。目前生产线为进口，但国产设备已取得突破。

下一步，通过开发高效异质结太阳能电池非晶硅薄膜沉积低成本高产率的量产工艺及核心装备、异质结组件封装技术与装备，形成高效率、低成本的异质结太阳能电池产业化技术，有望推动实现HIT太阳能电池的规模化量产，在转换效率方面突破26%，并在生产成本方面与PERC电池片持平，甚至低于PERC电池片。

2. 钙钛矿光伏技术

根据光伏市场需求，应重点突破以下技术：

钙钛矿光伏电池组件制造及与之匹配的高端能源装备技术。通过改进钙钛矿电池核心配方和核心制造工艺，实现组件效率提升；并在此基础上开发自主可控的钙钛矿量产能源装备技术，推进钙钛矿光伏技术产业化进程。

钙钛矿电池长期稳定性提升及封装技术。通过研究多元因素对钙钛矿电池材料物理化学性质的影响，揭示钙钛矿光伏电池长期工作下的衰变机理；通过开发高效封装材料，以及研究新型封装技术，实现钙钛矿光伏电池的有效封装；提出钙钛矿电池长期稳定性解决方案。

钙钛矿叠层电池技术，包括钙钛矿/晶硅叠层、钙钛矿/钙钛矿叠层及其他包含钙钛矿电池结构的双层或多层叠层电池技术。筛选、合成带隙可控的钙钛矿核心材料，制备适用于各种叠层电池的钙钛矿半导体层；开发出高光电通过性的光电极、中间隧穿层及其附属结构，发展低损伤、高保型的相应薄膜制备工艺；提升各子电池的能级、电流等关键性能参数的匹配程度，提升结构和器件稳定性，研制出高效率、可实用化的钙钛矿叠层电池。

钙钛矿电池组件低毒化和无害化利用技术。开发非铅钙钛矿类半导体光电材料；开发与非铅体系钙钛矿太阳能电池相匹配的电子/空穴传输层材料，获得高效率且环境友好的钙钛矿电池组件产品；优化电池结构及组件集成技术，开发针对组件中高价值半导体材料和贵金属的回收利用技术。

柔性钙钛矿光伏技术。在高效低成本钙钛矿电池组件集成技术的基础上，开发柔性电池制备工艺路线；结合市场需求，开发设计多种形态的柔性薄膜光伏电池产品，如光伏汽车、光伏无人机、光伏军用物品、光伏帐篷等。

钙钛矿光伏建筑一体化技术。充分发挥钙钛矿电池作为薄膜光伏电池的技术优势，减少光伏玻璃、光伏幕墙等产品形态的组件重量，降低安装成本和安装难度；开发高透过性和彩色化的高效低成本钙钛矿光伏建筑组件产品。为钙钛矿光伏的未来产品形态和后续市场推广进行预研究，为进一步推进钙钛矿光伏技术的实际应用奠定基础。

3. 先进光伏检测与实证技术

建设国际一流、国内领先的太阳能光伏发电先进技术研发实验室和实证基地，支撑自主可控光伏发电技术研发，实现新想法新技术的迅速验证；开展关键设备的可靠性以及发电能力研究，服务光伏电站高效运行，充分规避新材料、新技术存在的故障隐患；服务光伏技术人员能力建设；开展光伏行业标准、国家标准和国际标准制定工作，助力光伏产业高质量发展，掌握产业更多话语权。

先进光伏检测与实证技术包括传统光伏检测技术、先进和新型光伏技术检测以及多元实证技术。传统检测技术相对成熟，可以在 1～2 年内形成服务能力。先进和新型光伏技术检测，在检测仪器和标准上都有所不足，需要更严苛的标准和更超前的测试手段，该部分预计 5 年内可形成较为系统的技术服务能力。多元实证技术，需要具有特定气候和光资源禀赋的选址，以及不同光伏技术的互相印证，预计 2～3 年可以形成基地型实证技术体系。

4. 中高压光伏逆变器技术

近年来，更高电压等级光伏系统正成为国内外的研究热点和发展趋势。2014 年，First solar 首次提出了 1500V 光伏电站；次年，国内光伏逆变器龙头企业推出首款1500V逆变器，但由于1500V系统缺乏相匹配的设备与系统标准，以及配套的零部件，使得初期1500V系统推出后在国内未能形成规模化应用。随着国内光伏平价上网进程的加速，竞价与平价上网项目陆续推出，促使电站开发商进一步加强对度电成本的关注。经测算，采用1500V系统，可将光伏组件的串联数量提升约1.5倍，降低约1/3电缆成本、1/3汇流箱成本，对应单瓦造价降低约0.05元；同时，1500V系统可降低支架、桩基、施工安装的成本，进一步可降低单瓦造价约0.05元，使得1500V系统逐步替代了1000V系统，成为市场的主流。

进一步提高光伏系统的电压等级，对于降低度电成本是有利的，但由于没有足够耐压等级的光伏组件，以及更高耐压等级组件及其辅材的标准，短期内进一步提高光伏系统电压等级受到一定限制。因此，在不提高组件系统电压的前提下，实现更高耐压等级系统电压是该技术的研究关键。

5. 光伏智能运维技术

光伏智能化包括高速通信网络和智能化运维技术两个部分，均以华为公司的智能光伏技术体系为代表。

由于高速率和高准确性通信系统的建立，为光伏电站的智能化运行提供了数据基础。华为在此基础上开发了智能光伏体系FusionSolar，由智能营维云中心、站级管理系统、智能光伏无线传输系统、综合调度和移动运维系统四个系统组成。FusionSolar智能营维云中心可通过大数据分析，层层挖掘找出影响发电的落后单元，及时预警，包括PR分析、设备/组串的IV曲线实时诊断及离散分析等，持续优化电站，提升发电量；对电站、设备进行评估分析，如逆变器对比、组件对比、运维效率分析等，为电站选址、选型、支架角度设计等决策提供数据支持。

当前，光伏智慧运维平台的开发研究，通过建立场区高速通信网络，自动采集光伏电站逆变器数据上传至云端，经云计算、大数据处理，提供实时的监控信息和故障报警，方便运维人员及时掌控电站动态、实施准确化作业和规范化管理；同时开展大数据挖掘和智能诊断技术研究，为运维决策和精细管理提供量化依据，自动分析故障类型，预测预警电站隐患，通过模型化的理论发电量计算，分析电站运行状况，并给出运维建议。

6. 光伏电站智能设计技术

突破光伏电站三维建模与可视化设计技术，根据设计平台给出综合收益敏感性因素，确定项目综合效益评价指标体系评估方法。

二、关键产品布局

1. 高效异质结太阳能电池

异质结太阳能电池是未来光伏技术领域的关键核心技术，目前处于技术和行业爆发的临界点，是介入该技术领域最好的时点。

联合设备制造企业、太阳电池和组件制造企业和科研机构，进行产学研协同攻关，着力打造先进异质结太阳能电池组件技术产业链。通过科技创新掌握上游优势技术产能，支撑未来10年光伏发电产业的迅速发展。

2. 矩阵叠片光伏组件

组件技术进步是提升光伏项目单位投资发电量的最直接手段，组件技术进步体现为组件功率的提升，近年来，我国组件功率基本上保持着5W/a的增长速度。组件功率的提升有两种方法：一是提升电池片光电转换效率；二是改进组件封装技术，如半片封装技术。双面组件同时利用了电池片技术与组件封装技术的进步，获得背面发电增益，提升实际功率。

半片封装技术利用激光将电池片沿着垂直于电池主栅线的方向平分切开，成为两个半片电池片，以半片电池为基本单元串联后形成组件，可减小串联电流，降低主栅的功率损耗，同时降低串联电阻，提高填充因子，整体提升效率。

矩阵叠片光伏组件是华能集团提出的一种全新的光伏组件形式——全串并联叠瓦组件。目前已完成小批量试生产，并开展了示范应用。在两个实证环境中，矩阵叠片光伏组件均表现出优异的发电性能和抗遮挡效果。

下一步，将从两个方面开展工作，一方面，将开展矩阵叠片光伏组件中试线的搭建，进一步落实该技术在规模化量产过程中设备、工艺及生产成本等情况，为最终实现规模化量产打下坚实基础；另一方面，结合高效异质结电池技术的突破，开发高效异质结电池矩阵叠片光伏组件产品，提高产品的技术含量和竞争力。

3. 组件功率优化器

组件级最大功率点跟踪（MPPT）控制器对于分布式光伏电站项目具有很好的适应性，在目前国家大力发展整县分布式光伏的背景下，市场需求较大。加速 MPPT 产品的产业化进程，完成该产品的最终定型，实现规模化应用。

4. 中高压光伏逆变器

中高电压等级光伏逆变器是逆变技术的重要发展方向，开发中高压光伏逆变器产品，实现高升压比，提升电站系统效率、降低电站初始投入成本，将是未来的重要方向。

5. 全寿命期全景数字化智能光伏平台

光伏电站正逐步向数字化、智能化转型，顺应行业和技术发展，逐步开展全寿命期全景数字化智能光伏平台的开发和搭建工作，逐步实现光伏电站的智能设计、智能基建和智能运维。

6. 高效率低成本钙钛矿光伏技术

基于光伏产业转型升级的需要，集中力量突破钙钛矿光伏领域关键技术问题，开发具有自主知识产权的高效率低成本钙钛矿光伏电池技术方案和工艺包，为下一阶段的实用化提供指导。以实现钙钛矿光伏电池技术的产业化应用为导向，组织实施具有产业化和市场化应用前景的研发计划，加快实现钙钛矿光伏示范工程落地，开展实证研究。

7. 先进光伏高端能源装备

为实现钙钛矿光伏产业化，一方面，需持续开展材料设计、结构优化、效率提升、稳定性改善等关键核心技术研发；另一方面，开发大面积电池生产技术及相应能源装备，以实现钙钛矿电池的规模化应用。

开发钙钛矿光伏量产能源装备，实现核心部件自主化设计生产，降低钙钛矿光伏装备及组件成本，提升市场竞争力。通过产业链协同互联，快速推动行业高水平、高质量发展，促进绿色能源经济做优做大做强。

8. 光伏检测服务

形成光伏技术从电池到组件的全流程检测与认证服务能力，获得 CNAS 检测实验室认可资质，IECEE CB 实验室资质以及国际顶尖光伏实验室数据互认资质；为光伏科研与产业快速发展，提供全方位的技术服务支撑。

三、产业化发展路径

1. 高效异质结太阳能电池组件

异质结光伏电池是晶硅电池技术和产业争夺的高点，作为发电企业，采用“三步走”的发展路径，在异质结光伏技术及产业化方面尽快完成布局。

第一阶段：科研及产业化能力建设阶段，需要利用1～2年时间完成研发能力和产业化能力建设。

第二阶段：产业化能力扩张阶段，利用2～3年时间实现产业能力扩张。

第三阶段：产业成熟及技术迭代阶段，利用3～5年达到异质结电池产业成熟和新技术迭代研发。

2. 钙钛矿光伏技术产业发展路径

完善钙钛矿光伏电池实验室制备工艺，开展电池放大研究，验证技术可行性；完善大面积电池制备技术，实证产品性能参数；扩大产能，放大产线，开展量产组件开发；建设示范电站，最终推进钙钛矿电池技术成果转化与产业应用。

第三节　核　电　技　术

一、重点技术方向

重点突破核能供热热电联产技术改造、超长距离热力输送论证、核能供热替代常规能源供热管网热源的可能性、高温气冷堆替代热电联产电厂退役的容量和热源的可能性。

二、关键产品布局

通过核能供热热电联产技术改造等技术突破，结合超长距离供热管网优化设计，形成以核电为热源的清洁供热系统，该系统具备可复制性和商业化推广条件。

三、产业化发展路径

开展石岛湾核电基地热电联产改造技术论证，形成石岛湾核电基地热电联产技术成果。根据石岛湾基地开发情况，开展核能供热改造工作，建成石岛湾核电热电联产示范项目。

第四节 储 能 技 术

一、重点技术方向

1. 先进的电池储能系统分散控制技术

随着电池储能的大规模发展，电池运行管理也从原先的粗放式向精细化转变，电池分散式管控技术将成为“十四五”期间电池储能技术中的重要流派。

电池储能系统分散控制技术，可针对每个电池簇设计优化的能量分配策略，实现电池簇能量的最大化利用以及电池簇之间的主动能量均衡控制，通过模块化变流器对电池簇进行精细化管理，实现电池簇的虚拟并联和簇间解耦，有效解决电池簇之间的并联失配、并联环流等问题，延长电池系统整体循环寿命，极大地提高系统可用度和安全性。在该技术架构中，单电池簇故障不影响系统整体运行，故障检修和系统维护方便，系统运行可靠性和稳定性高。

该技术与传统集中控制储能系统的比较见表 2 - 1。

表 2 - 1 储能系统分散控制与集中控制关键指标对比

指标	分散控制	集中控制
电池一致性	较好	一般
系统平均效率	略高	—
运行功率偏差精度	0.5%	3%
系统可用率	>97%	85%
电池簇故障率	0.5%	3%
建设成本	基本持平	—
安全性	较高	一般

2. 先进磷酸铁锂电池及集成技术

电池是电池储能系统最重要的部件，先进的电池及设备集成技术可以大幅提高系统寿命、安全性，提升整体项目的经济效益。储能专用的高安全长寿命磷酸铁锂电池产品是电池储能系统取得突破的关键。分析磷酸铁锂电池循环衰退的原因发现，其中活性锂损失比重占总容量损失约60%；极化损失及活性物质损失，占总容量损失约40%。降低活性锂消耗速率、抑制极化增长导致的析锂是解决磷酸铁锂电池衰退问题的关键。“十四五”期间，电池能量密度将超200Wh/kg，电池循环寿命将达10000次；单体BOM成本降低到0.3元/Wh。

在系统集成方面，“十四五”期间有望在不同应用场景下电池管理系统的控制与保护策略，不同工况和不同倍率下电池系统的热管理技术，高耐压等级电池系统构架设计技术、安全防护技术、电池管理系统信息快速同步与状态估计技术、系统故障诊断与保护等关键技术，适用于宽电压范围的电池簇分散式控制技术等方面取得突破，提升电池储能系统整体性能。

3. 先进储能数字化技术

渐成趋势的大规模独立储能电站尚缺乏统一智能管控的经验，且在规模化储能电站的精细化管控和预测性维护方面尚属空白，行业内现有预防性维护等技术不足以支撑独立储能电站智慧运维。

华能集团自主研发的电池储能电站智慧运维系统，将先进的信息技术与电池储能电站相结合，开发出基于海量数据的电池储能电站故障诊断技术及系统、诸能电池故障建模技术、储能电池故障诊断算法、储能电池预测性维护技术，风光储协同运行模式及新能源电站储能优化配置技术。“十四五”期间有望突破上述关键技术，实现技术内循环。

在此基础上，将预测性维护技术与电站火灾智能预警相结合，将电站海量运行数据和智能预警算法深度融合，构建可行、可靠的火灾智能预警系统。通过在电站示范运行，对现有电站消防系统的升级，实时掌握电站每一颗电芯的火灾因素劣化过程，精准把握电站可能出现的各级火灾报警，提前给予警报和维护建议。

二、关键产品布局

1. 1500V电压等级的模块化多支路储能变流器

提高储能变流器（PCS）电压等级，有利于减小PCS开关通态损耗和线路损耗、提高储能系统功率密度和整体效率。因此，对现有PCS拓扑结构进行升级，在现有1000V多支路储能变流器基础上，开发1500V多支路储能变流器；优化控制策略，从控制复杂度、响应速度、设备成本、可靠性等方面，提出新的适用于大型储能电站 1500V 模块化多支路储能变流器的控制方案，支持恒功率、恒流、恒压控制；拓展辅助功能。开发储能变流器的虚拟同步机控制及黑启动功能。通过模拟同步发电机的惯性、阻尼、一次调频调压等外特性，应用于弱网、离网、微网应用场景；利用储能电池中存储的能量，储能变流器可作为电压源运行通过软启动方式建立交流系统的频率和电压，并给负荷直接供电，以支撑电网、电厂或微网的黑启动。

2. 高性能电池包

重点突破基于液冷方案的电池包热管理技术和集成技术，搭建高精度的电池包热仿真模型，开发高性能的液冷电池包，具有高能量密度（不低于 200Wh/kg）、长寿命（不低于 1 万次）、低成本（不高于 0.3 元/Wh）的特性，且电池模组、系统具有良好的温度一致性。

3. 数字化智慧运维系统

充分挖掘先进储能数字化技术成果，在华能新能源智慧运维中心平台基础上，开发适用于集团级群组电池储能电站的智慧运维系统，实现电芯级智能预警和火灾预警，并以产品化思维开发相应软硬件系统，具备普适性与实际应用价值。

三、产业化发展路径

“十四五”期间，储能项目将爆发式增长，对储能相关的关键设备、部件、解决方案的需求也越发迫切。为保障储能高质量发展，建议将相关技术、产品尽快产业化。

1. 产业化发展思路

根据电池储能技术的研发成果、行业发展趋势和市场情况，重点围绕储能液冷电池包、电池管理系统和储能变流器开展关键技术研发和产业化，开发自主品牌的储能产品，实现科技成果的产业化。

对于能源电力企业，储能技术产业化过程可考虑设立独立公司作为科技成果转化载体，为有储能技术项目需求的业主单位提供技术咨询、项目承揽以及 EPC 总包等服务。通过提供技术咨询、初步设计、关键设备供货和调试服务取得利润。根据转化载体的实际需要，将储能技术已形成的科技成果以其评估价值作价，取得对应的转化载体股权。

转化载体在社会资本和市场化机制推动下，培育基于创新科技成果的储能技术产业，提升在该技术领域对重大工程等的支撑和保障能力，成为储能行业知名的高科技龙头企业，具备上市所需的经营业绩。

2. 产业化进度安排

随着“十四五”期间新能源大规模发展，储能项目将越来越多，但多数储能项目还是采用风电、光伏电站的建设运维模式，作为储能电站的投资运营商，只是对外采购储能设备建设储能电站，并未主动利用自身市场优势培育相关技术产品形成储能产业。在面对新能源规模化发展的大形势下，亟需打破以往常规新能源项目开发建设运维过程中“买买买”的模式，培育储能技术科技产业，支撑新能源产业的发展。

随着储能项目的日益增多，对电芯待需求量将会增加，可考虑建设电芯生产线，从而控制储能项目的建设成本，也能培育储能产业。

在储能变流器方面，从电路拓扑结构升级、控制策略优化、辅助功能扩展、器件自主可控等方面开展研究，开发新一代高电压等级的储能变流器并进行产业化。

在高性能电池包方面，考虑建设电池包产线，培育储能电池科技产业，支撑新能源产业的发展。

在数字化智慧运维系统方面，结合电池储能电站运维经验，逐渐成体系开发软硬件，通过在分公司电站的实验，提升智慧运维水平，逐渐形成智慧运维能力，降低设备的故障率，间接提高经济性。

第五节　氢　能　技　术

一、重点技术方向

1. 大功率、高效电解制氢系统成套技术

面向国家级千万千瓦风电、光伏和水电可再生能源基地建设配套需要，掌握大功率、高效电解制氢技术，通过大功率、大电流、模块化、高效电解制氢技术及大型化、模块化装备等方面的突破，掌握关键材料和部件，形成制氢系统成套技术。

2. 与可再生能源发电耦合的动态电解制氢技术

面向于风电、光伏发电随机性、波动性和间歇性特点，掌握适用于可再生能源电解制氢的灵活高效的动态电解制氢技术，掌握关键部件国产化批量制备技术。

3. 高效、安全的高温电解制氢技术

面向于国内自主的下一代高温气冷堆蒸汽参数特点，构建高效、安全的高温蒸汽电解制氢技术，取得耐高温、高效率、持久稳定的电极材料和隔膜材料方面的突破，解决高温电解池电堆大型化设计和制造问题。

4. 新型碱性制氢技术

（1）碱性离子交换膜电解技术。结合碱性电解槽电解环境温和、材料成本低的优势和质子交换膜电解槽氢氧分隔性好、操作灵活的优势，开发基于碱性离子交换膜的电解制氢技术及装备，通过关键材料的开发、膜电极工艺优化、电解槽组装密封工艺优化，实现低成本、高灵活性制氢。

（2）碱性高温电解技术。结合碱性电解槽电解环境温和、材料成本低的优势和固体氧化物电解槽电解效率高的优势，开发基于多孔电解质的高温碱性电解制氢技术及装备，通过关键材料开发、电解槽装配工艺优化，实现高效、低成本的制氢和灵活的热利用模式。

5. 下一代高效、低成本电解制氢新技术

面向未来清洁能源和氢能产业发展需要，通过材料基体种类创新、制氢工艺流程革新等方面的重点突破，掌握关键材料制备、电极加工等技术，提升下一代电解制氢效率，减少制氢能量损耗，减少电解设备各类材料的使用和尺寸，减少占地，以便于规模化布置。

6. 新型储氢技术

面对氢能产业链的瓶颈环节，通过新型有机液体储氢材料、固体合金材料、轻质固体复合物材料开发，提高储氢密度，实现储氢本质安全性的提升。通过不同储氢技术的互补性结合、储氢操作模式的优化，提升项目整体经济性，促进绿氢作为储能模块在电网调频调峰等场景的应用推广。

7. 光催化产氢技术

通过半导体光催化材料的开发，有机、无机、复合活性材料的筛选和开发，实现太阳能的高效吸收转化和高效能制氢，实现可再生能源到氢能的直接转化。

8. 新型电化学耦合技术

通过催化剂开发、电催化体系优化、电化学反应器结构优化、物料流程优化，实现高电流密度、高转化率的电化学二氧化碳还原、电化学合成氨等，实现C1、C2及C2+产品的高选择性。

二、关键产品布局

1. 大功率高效碱性水电解槽装备

为匹配我国的可再生能源转型需求，将绿氢生产打造为可再生能源基地安全稳定运行的强大助力，从以下方面进行关键产品布局：

（1）高效碱性电解水制氢核心材料和部件。突破高效析氢、析氧催化剂的制备工艺，从核心材料层面优化电解制氢过程，实现析氢活性的提升和电流密度的增大，开发新型催化剂体系；进行高效复合电极等开发和改性，协同调控电催化剂性能与极板几何结构，实现高效催化电极的宏量制备和大规模使用；攻关非石棉复合隔膜材料，改善隔膜材料的亲水性，提升离子迁移性能，实现新材料在碱性电解槽动态电解制氢的应用效果实证。

（2）大型电解槽结构设计与组装、制氢系统集成优化。创新电解槽结构，掌握不同小室结构和流道形式下流体流动特性；优化电解槽装配工艺，增强槽体的密封性和均一性；打通水电解制氢全流程系统优化和管理模式，提高系统集成化程度，提升制氢系统电-热-质集成耦合；开发出适用于可再生能源大规模消纳的高电流密度电解水制氢装备及系统，并实现应用示范，从供给侧推动项目所在地氢能产业发展。

（3）产品形式。利用所开发的核心材料和部件，经过多维度理论设计和测试验证，研制大功率高效碱性水电解槽装备，2025年前电解槽单体制氢量达到$3000m^3/h$（标况下），规模达到国际最大，同时最大工作电流密度$\geqslant 6000A/m^2$，额定工况下制氢系统的直流能耗$\leqslant 4.2kWh/m^3$ H_2（标况下），功率可调范围宽于20%～110%，电解效率和电耗达到国际领先水平。

2. 可再生能源电氢耦合电解制氢技术

为适应波动性可再生能源消纳需求，需从装置本体和控制管理策略方面布局成套产品，具体如下：

（1）动载特性优良的高效电解制氢装置。获得低成本、低贵金属负载量催化剂，制备开发高活性单元、二元或多元金属催化剂，制备高导电性、高质量传输效率和高耐腐蚀性的多孔载体材料，实现催化剂与载体材料的稳定结合及活性催化组分的高度分散，降低贵金属负载量；通过制备工艺对电极微观形貌、化学组成及结构的影响、催化剂材料在强酸性析氢、析氧过程中的变化特征，掌握催化剂材料析氢和析氧反应机理。建立低成本大面积膜电极制备工艺及评价体系。掌握大功率、高压电解槽电堆装配技术，双极板、集电器表面处理技术，降低接触电阻，提高耐腐蚀能力。掌握高压电解槽密封技术，提升电解槽操作压力。形成高压力、低电耗、高功率密度固体质子交换膜电解槽设计制造能力，大幅降低制造成本。

（2）复杂工况下电解制氢设备动态响应与控制技术。建立复杂工况模拟硬件环境，构建电解槽电堆物理模拟和数值模拟方法，掌握不同类型和不同结构电解槽对功率波动的相应特性。掌握制氢系统动态运行控制技术，开发电极多级分时响应系统，提升系统对负荷波动的耐受范围；通过多维物理参数调节和控制逻辑优化，提升制氢系统的动态响应能力，并提高动态运行过程中的安全性和稳定性，以匹配可再生能源直接输入的要求。实现高比例新能源电网系统中制氢系统能量管理和系统集成优化。采用三维实体设计方法优化制氢系统内各单元设备与管路布局，提高系统集成化程度，实现制氢能力线性、模块化扩展。

（3）产品形式： 掌握高性能高耐久的 PEM 制氢膜电极的生产二艺，膜电极性能指标达到：测试电解电压≤1.9V（$2A/cm^2$、80℃），稳态工作 3000h，平均单节电压衰减率≤15μV/h，5%～150%额定功率范围内连续调节，使其性能达到国际水平并实现国产化。在此基础上，组装形成规模不低于 $100m^3/h$（标况下）的 PEM 电解制氢设备，性能指标达到：额定工况下电解槽直流电耗≤$4.2kWh/m^3$，系统功率调节范围 5%～150%，出口氢压≥3.5MPa。

3. 高温蒸汽电解制氢技术

相比于碱性和 PEM 电解，高温蒸汽电解制氢技术具有电解效率高、热利用潜力大的优势，非常适用于未来城市社区、商场等场景下的清洁热电联产应用。另外，该技术的高温可匹配核电站的高温热源利用，能够作为核电产业发展的配套产品。目前，该技术处于前期储备状态。

（1）SOEC 电极材料研究。SOEC 电解池包括三个核心部件，阳极材料、阴极材料和隔膜。目前隔膜材料和阴极材料基本选定，阳极材料是研究的重点。通过长寿命、高催化活性的析氧（OER）电极材料的脱贫，提高电解池寿命和性能。

（2）SOEC 电解池本体研究。SOEC 电解池通常在高温高湿（＞700℃，

100%水蒸气）条件下运行，在此条件下SOEC单池的运行规律尚不清楚。通过开展SOEC单池运行规律的研究，开展电堆内部物质流场及热流场模拟，制备高功率、轻量化电解池。

（3）SOEC单元电解模块研究。SOEC单电解池功率一般较小，在1～5kW之间。为了达到一定的功率规模，需要将单池通过串并联的方式组成单元电解模块。针对单元电解模块组装过程中的核心技术问题，通过开展SOEC单元电解模块进出气均一性协同研究、低欧姆电阻的集流工艺研究、新型保温材料及热箱设计研究，实现高功率规模电解模块的构建。

（4）一体化智能控制系统研究。根据开发的SOEC单元电解模块，设计对应的一体化智能控制系统，保证SOEC单元电解模块安全稳定高效运行，实现对电-热-质的自动化控制，同时实现单元电解模块的气量、温度、压力、电流、电压等关键参数远程监控和操作。

（5）产品形式：获得高温电解水电解槽模块，2025年前SOEC单元电解模块产氢量达到$50m^3/h$（标况下），单体规模达到国际最大，运行温度范围600～900℃。SOEC单元电解模块电解效率大于85%，直流电耗小于$3.5kWh/m^3$，SOEC单池电极性能衰减率<0.2%/100h，电解模块效率、稳定性达到国际领先水平。

4. 新型碱性制氢技术

目前，以多孔隔膜为基础的碱性电解槽已经发展得较为成熟，未来主要的方向是大型化、流场结构优化及与之相适应的材料开发。另外，为从根本上解决碱性制氢气体掺混控制较差、电解效率较低的问题，需在隔膜形式上进行改进。考虑目前各种电解制氢技术的特色，结合质子交换膜电解和固体氧化物电解的优势，可从以下方面进行布局：

（1）碱性阴离子交换膜。从平衡稳定性与离子传导率角度出发，设计阴离子交换膜的高分子骨架及阳离子结构，制备高稳定性阴离子交换膜；设计合成柔性交联剂对阴离子交换膜进行交联改性，探究交联度对膜性能的影响，提升薄膜的机械强度和柔韧性。

（2）碱性高温隔膜。筛选用于碱性高温电解槽的多孔基材和碱性电解质，研究优化基材和碱性电解质的浸渍结合过程；对基材的厚度、孔隙率、孔结构等性质进行优化，匹配不同成分、碱度、熔融状态的电解质，分析隔膜的持液量、耐久率和阻抗等，获得长寿命、宽工作温度区间、低电阻的隔膜。

(3) 碱性阴离子交换膜材料测试评价体系。系统归集隔膜热稳定性、耐碱性、离子传导特性、尺寸稳定性、机械强度等评价指标，建立标准化评价及测量方法，筛选出影响膜材料应用推广的关键指标；基于电镜、核磁、光谱等现代表征技术，解析膜材料的化学组成、形态结构，探索构效关系，为膜材料体系设计和制膜工艺开发提供理论依据。

(4) 微型电解池测试系统。根据典型运行工况与多参数测试需求，建立模块化、开放性的测试架构；搭建标准化、安全的微型电解池测试系统，配置不同尺寸、并行操作的电解池模块，具备核心膜材料离子传导特性和关键膜电极部件电化学性能测试能力。

(5) 新型碱性电解水制氢性能测试平台。基于新开发的隔膜和商业用电催化剂，制备膜电极并组装微型电解池；通过线性扫描、恒电位、交流阻抗等电化学测试方法，获得新型碱性电解槽在电解水制氢实际应用方面的性能表现，评价其产业化推广潜力。

5. 新型储氢技术

储氢是目前氢能产业链的瓶颈环节，高昂的储氢成本、储运过程的安全要求和严格的监管限制了氢能产业在许多潜在领域的推广应用。对储氢技术的主要评价指标是储氢密度和安全性，同时实际应用中需考虑能耗和经济性。美国能源局（DOE）要求 2020 年国内车载氢能电池的氢气质量密度须达到 4.5%，2025 年达到 5.5%，最终目标是 6.5%。同时，氢气是一种易燃、易爆的气体，在氢气存储、运输过程中还必须考虑其安全性。

固态储氢和有机物液态储氢技术均通过稳定化合物储氢，其本征安全性大大提高，降低了大规模长期存储过程中的事故概率，且不需要复杂的运输工具，是未来储氢技术的发展方向。但是，这些材料目前均处于产业发展的初步阶段，仍然有许多技术性问题需要解决。固态金属储氢主流材料的氢气质量密度低于 3.8%，氢气质量密度大于 7%的轻质材料还需解决吸放氢温度偏高、循环性能较差等问题。目前，固体储氢的能耗约为 10～13kWh/kg（H_2）。有机液体储氢须配备相应的加氢、脱氢装置；脱氢反应效率较低，且易发生副反应，氢气纯度不高；脱氢反应常在高温下进行，催化剂易结焦失活等。根据 IEA 的估计，在吸放氢的循环转换过程中，将耗费相当于所装载氢气 35%～40%的能量。

新型储氢技术的产品布局有：高密度储氢材料、吸放氢过程和热系统管理，适宜储氢载体，高效储氢催化剂。

6. 光催化产氢技术

光催化产氢技术直接利用太阳能分解水产氢，具有清洁、高效、简单的优势，被认为是未来清洁能源制氢的重要路径。目前，光催化产氢技术仍处于概念验证阶段。限制光催化产氢技术实用化的主要因素在于光转化效率，一般认为光转化效率达到10%以上时才具有工业应用价值。

通过半导体光催化材料的开发，有机、无机、复合活性材料的筛选和开发，实现太阳能的高效吸收转化和高效能制氢，实现可再生能源到氢能的直接转化。重点解决光催化材料的光吸收频率范围、电子-空穴复合等问题。

7. 新型电化学耦合技术

电解水直接制氢存在着氢气储运等问题。当前，一些新型的电化学转化体系受到了关注，如电化学二氧化碳还原、电化学合成氨。电化学二氧化碳还原能够直接实现碳的清洁转化，生成有价值的工业产品，如甲酸、合成气及多碳有机物。电化学合成氨能够替代传统的制氨工艺，具有反应可控、条件温和、绿色环保的优点。氨作为潜在氢载体的作用也逐渐得到重视，未来利用电化学法直接合成氨有望成为电解水制氢的补充路线。合成的氨除作为工业、农业原料外，还可用于燃机掺烧，为能源行业的低碳减排做出贡献。

目前，新型电化学耦合技术仍存在目标产物产率低、选择性差、电流密度低、转换效率低、电极失活严重的问题。本领域的产品布局重点为电化学催化剂、电解液体系、电化学反应器结构设计。

三、产业化发展路径

以核心技术为抓手，以项目实证为依托，从技术研发、部件装备生产、综合服务能力建设、标准制定引领等多方面齐头并进，奠定发展基础和做优做强氢能产业。

1. 核心部件产能发展

在“十四五”期间，配合大功率高效碱性制氢技术、PEM制氢技术、高温制氢技术的成果进展，布局自主生产能力，打造国际领先品牌。对于大功率高效碱性电解装备、高温电解制氢装备的电极、隔膜等核心部件，在配方、工艺研发、知识产权布局的基础上，与制造厂商开展合作，积极探索代工OEM模式；尝试多样化深入合作，如知识产权入股，设备使用权占股等；鼓励下游用户优先使用国产自主品牌或联合开发的产品等；积极引入社会资本、政府项目支持等，形成具有自主品牌的生产能力。

2. 项目落地发展

在绿氢生产装备能力的基础上，积极开展应用实证，在实践中积累产品优化经验和项目运营经验。加强区域差异化发展和产业协同效应，结合我国绿氢基地建设，布局绿氢制、储、输、用示范项目。

依托于北方风光煤电输用一体化基地，开发大规模风光互补电解制氢项目；通过与现代大型化工基地结合，替代灰氢利用；同步进行二氧化碳制甲醇和绿色合成氨关键技术应用示范，拓展氢气多元利用场景。构建基于液氢的长距离输运网络，完善绿氢生产、压缩、储存、销售供应链，辐射北方和京津冀地区。

依托东部海上风电发展带开展海上风电制氢示范，探索液氢输运新模式，开发分布式制氢关键技术，将绿氢、燃料电池与交通、钢铁、分布式能源应用结合，推动沿海负荷中心能源转型。

在西南地区依托水电建设开展弃水制氢，构建以绿氢交通、移动能源等就地利用为核心的综合能源体系，探索绿色水电建设新模式。结合发达的天然气管网，进行天然气掺氢示范，攻克管道输氢关键技术。

3. 产业链生态发展

发挥科技优势，在系统模拟、设计优化、产品制造检测标准体系建设方面抢占先机；从核心部件设计制造、系统管理及优化、先进材料开发、结构设计、新型应用模式等方面积极布局绿氢产业链相关知识产权；在氢气储运、燃料电池、下游应用等领域与高校、科研院所、高新企业开展合作，积极打造产业链生态；及时掌握氢能定性、应用模式、基础设施建设等方面的国家及地方性法规、政策，因地制宜发掘业务开展方向，在技术研发和核心部件生产基础上形成面向各类氢能终端用户的综合服务能力，积极争取相关的咨询、设计、安全等资质，开展前期规划、设计、建设、运维等多层面业务。

第六节　CCUS　技　术

一、重点技术方向

1. 二氧化碳捕集技术

燃烧后 CO_2 捕集技术的主要问题是溶液消耗大、再生能耗高，这是化石燃料电厂烟气中 CO_2 分压低、成分复杂等特性造成的。针对燃煤烟气 CO_2 捕集，第二代 CO_2 捕集技术的热耗目标是 2.6GJ/t CO_2 左右，目前大规模示范项目的运行指标尚未达到这一水平。如何降低能耗与成本一直是捕集技术革新的热点和难点。燃烧前捕集适用于 IGCC 发电，面临分离系统复杂、部分关键技术尚未成熟、试验示范工作较少等问题。此外，负碳排放技术还不成熟，缺乏相应的示范工程。针对以上技术问题，开展燃烧后、燃烧前及新型捕集技术的集中攻关与技术验证。重点研发低成本规模化燃烧后 CO_2 捕集技术，实现关键技术指标突破，达到国际领先水平；建成百万吨级捕集示范项目，支撑高效低成本碳捕集与利用技术进入商业应用阶段并具备产业化能力。开展我国首套燃烧前 CO_2 捕集及联产制氢示范系统建设，生产工业级 CO_2 和 H_2 产品。开发出适用于生物质直燃发电机组烟气的碳捕集技术——生物能结合碳捕获与封存技术（Bioenergy with Carbon Capture and Storage，BECCS），实现直接空气捕碳技术（Direct Air Capture，DAC）关键指标的突破。

2. CO_2 化学利用技术

CO_2 化学利用技术是指利用 CO_2 的化学或生物等作用，生产具有商业价值的产品，且可实现 CO_2 减排效果的工农业利用技术。在各种利用方式中，CO_2 加氢制甲醇具有较高的减排潜力，技术成熟度相对较高，产品的价值大，经济效益明显，在 CO_2 减排和碳循环经济方面将扮演重要角色。根据清华大学气候变化与可持续发展研究院《中国长期低碳发展战略与转型路径研究》综合报告的研究结果，在诸多 CO_2 转化、利用的技术路线中，从原子经济性、技术成熟度、市场潜力和价值、全生命周期碳足迹等方面综合评估，CO_2 制甲醇是最有发展前景的技术路线。10 万 t/年 CO_2 加氢制甲醇项目，每年可直接减排 15 万 t CO_2，与传统煤制甲醇相比，间接减排约 40 万 t

CO_2。重点开展 CO_2 加氢制甲醇关键技术攻关，包括：开发高活性高选择性 CO_2 加氢制甲醇催化剂，研究 CO_2 活化机理和催化剂构效关系，优化催化剂合成工艺，开展催化剂的放大制备与规模化应用，进行中试规模反应评价验证，模拟与优化反应工艺流程，设计与开发特种反应装备，开展成套系统的工程示范。

3. 二氧化碳地质利用与封存技术

《中国 CO_2 利用技术评估报告》提出了 7 种 CO_2 地质利用与封存方式，分别为 CO_2 提升石油采收率、CO_2 提升天然气采收率、CO_2 铀矿浸出增采技术、CO_2 提升煤层气采收率、CO_2 增强地热系统、CO_2 提升页岩气开采、CO_2 强化深部咸水开采。其中，CO_2 提升石油采收率技术成熟，是目前唯一既达到了商业化利用水平、又同时实现 CO_2 封存和经济收益的有效办法。但其收益严重依赖于石油价格，经济上可持续性较差。我国深部咸水层封存潜力为 7.4 万亿 t，封存容量占 98%，远远超过 CO_2 驱油、驱气等。CO_2 强化深部咸水开采在实现大规模 CO_2 地质封存和咸水资源高效利用方面具有很好的发展前景，而目前国内仅有一项 CO_2 咸水层封存示范工程在实施。CO_2 地质利用亟待突破的难点在于规模放大。大规模的 CO_2 地质利用与封存对封存场地的评价与选址、场地稳定性的控制、封存风险及监测方案提出了更高的要求，重点技术方向包括大规模 CO_2 咸水层封存场地评价与选址技术、大规模 CO_2 咸水层封存协同优化技术、大规模驱水封存过程中场地稳定性的评价与控制技术、全过程一体化 CO_2 封存监测和风险评价技术等。

4. CO_2 和烟气污染物一体化近零排放技术

CO_2 和烟气污染物一体化近零排放技术是针对烟气污染物和 CO_2 排放特性与共性，基于华能自主开发的低温吸附脱除原理（Cold Oxidation Adsorption Process，COAP）的烟气污染物近零排放控制技术，实现包括 SO_2、NO_x、粉尘等主要污染物和 SO_3、重金属、VOCs 等痕量污染物以及 CO_2 的全面近零排放控制，实现电厂减污降碳及零排放目标。开发烟气水资源、硫资源和 CO_2 资源高附加值利用技术，以及烟气余热资源深度回用技术。通过工程应用示范的实施，形成国际领先的颠覆性 CO_2 和烟气污染物一体化近零排放控制及资源化利用技术，掌握全套工艺设计和全国产化设备设计和生产能力，为电厂烟气、垃圾和生物质焚烧炉以及水泥、钢铁行业工业窑炉的烟气零排控制提供具有竞争力的替代技术。

二、关键产品布局

1. 关键产品及技术服务范围

碳捕集吸收剂：在高性能 CO_2 吸收剂技术领域，已经拥有自主知识产权的商品化 HNC1—HNC5 系列及相变型 CO_2 吸收溶剂；可提供的技术服务包括 CO_2 吸收剂产品供应、吸收剂开发、吸收剂性能测试等。在吸收剂回收纯化技术领域，开发了基于离子交换原理的吸收剂回收纯化技术，可提供的技术服包括吸收剂回收纯化装置产品，回收纯化技术设计、调试等。

碳捕集工艺：在工艺设计及优化技术领域，已开发了分级吸收再生、带自循环和激冷的喷淋脱碳、贫液深度解吸等新型过程强化工艺。可提供的技术服务包括工艺过程设计与优化、工艺模拟计算、物料/能量平衡分析等。

碳捕集设备：在高效分离设备开发技术领域，对塔器、塔内件、换热器、储罐等关键设备进行设计与选型，可提供的技术服务包括流场模拟、设备设计、设备供货、设备安装指导、设备调试等。

碳捕集方案：在电厂集成优化设计技术领域，可提供的技术服务包括电厂脱碳可研设计、HAZOP 分析、电厂改造方案设计、电厂影响评估、全系统物质能量平衡分析、界面接口方案评估等。

2. 关键产品技术先进性及知识产权情况

目前，国内外碳捕集技术主要供应商除了华能以外，还有荷兰壳牌、日本三菱、法国阿尔斯通以及国内的中石化等。上述供应商都是基于不同吸收介质和过程工艺的化学吸收法捕集技术，热耗在 2.5～3.2GJ/t。表 2-2 是华能碳捕集技术与同类技术比较。华能集团是国内最早开展 CCUS 相关技术研发和示范的单位，历经 15 年艰苦攻关，华能集团创立了完全具有自主知识产权的烟气 CO_2 捕集理论和成套技术体系，取得系列原创性成果，建成了多套燃煤/燃气示范装置。

表 2-2　　华能碳捕集技术与同类技术比较

供应商	壳牌	三菱	阿尔斯通	华能	中石化
吸收剂类型	有机胺（DC 系列）	位阻胺（KS 系列）	低温氨水	有机复合胺（HNC 系列）	有机胺
装置规模	100 万 t/a	140 万 t/a	10 万 t/a	12 万 t/a	4 万 t/a

续表

供应商	壳牌	三菱	阿尔斯通	华能	中石化
建设地点	加拿大 SaskPower	美国 Petra Nova	美国 南方电力	中国 上海石洞口	中国 胜利油田
建成时间	2014 年	2017 年	2011 年	2009 年	2010 年
项目意义	国际首套百万吨级碳捕集	国际最大的碳捕集工程	/	国际首套十万吨级碳捕集	/
共同点	基于不同吸收介质和过程工艺的化学吸收法捕集技术，热耗 2.5～3.2GJ/t，该技术路线 2030 年最有可能实现电厂全流程大规模 CO_2 捕集				

COAP 技术路线是华能原创、国际首创的技术路线，目前国内外尚未有同类技术报道。与 COAP 技术路线最为接近的是活性焦脱硫脱硝技术，该技术由德国 BF 公司开发，经过日本住友重工、三井矿山、电源开发以及美国的 FW 和 MET 等公司的研究和推广逐步完善形成的。我国的上海克硫、博奇等公司也通过自主开发，在我国钢铁冶金行业等工业窑炉开展了大量推广应用，并在贵州翁福电厂建成了我国首个也是唯一的活性焦法联合脱硫脱硝工程应用示范。目前国内外主流超低排放技术依旧是采用传统 SCR 催化还原脱硝叠加 FGD 湿法脱硫。COAP 技术与活性焦脱硫技术、SCR+FGD 技术相比，SO_3 脱除率、Hg 脱除率、HCl 脱除率、VOCs 脱除率等环保性能指标表现更优，并且经济性佳，投资和成本相对较低。

CCUS 和 COAP 关键技术为华能清洁能源技术研究院和成果转化团队自主设计研发，核心技术完全自主拥有。在 CCUS 技术领域，研发团队掌握了包括 CO_2 捕集溶剂开发、CO_2 捕集工艺系统研发、核心设备设计、CO_2 利用催化剂设计和合成的先进技术、工程设计、调试和工业示范等一套完整的电厂烟气 CO_2 捕集与利用技术，为 CCUS 技术产业化奠定了基础。在 COAP 技术领域，研发团队掌握了包括污染物吸附剂、二氧化碳吸附剂、低温吸附工艺系统开发、低温移动床等核心设备设计、污染物资源化利用等技术、工程设计、调试和工程示范等成套的技术体系，为 COAP 技术的工程化、产业化奠定了基础。

华能清洁能源技术研究院已在 CCUS 和 COAP 技术领域持有 156 项专利，为产业化提供了技术支持。其中，发明专利 50 余项，实用新型专利 100 余项，海外专利 2 项。在申请专利 200 余项，含 PCT 及海外专利 30 余项。

三、产业化发展路径

继续加强基础研究，完善理论基础，针对碳捕集、运输、利用、封存及监测等各个环节开展关键技术攻关，形成完整的技术链，超前部署新一代低成本、低能耗CCUS技术研发。

加强CCUS产业商业化推广的顶层设计，支持企业开展大规模、全流程集成示范工程，加速二氧化碳输送管道等CCUS基础设施建设，引导电力和石油行业之间形成有效的协同合作机制，推动“十四五”时期建成3～5个百万吨级CCUS全流程示范项目，重点开展碳捕集工程建设及烟气污染物近零排放改造技术服务和工程建设。

在碳捕集工程建设领域，已经研制出我国首套3000t/a燃煤电厂CO_2捕集装置、世界首座12万t/a燃煤电厂CO_2捕集工业装置及控制系统，且采用国际标准设计了澳大利亚苏拉特盆地11万t/a CO_2捕集工程三维效果图，积累了相关经验。在碳捕集工程设计、建设、调试、运行技术领域，可提供的服务包括工程设计、工程建设、系统调试运行、EPC总承包等。

在烟气污染物近零排放控制技术领域，自主完成了首个COAP中试平台的工艺设计、施工设计及平台建设；开展了50、135和300MW级机组COAP烟气污染物近零排放改造工程应用示范可行性研究，并启动了135MW级机组COAP示范工程建设。可提供的服务包括为电厂、钢铁厂、水泥厂、化工厂、垃圾焚烧和生物质电站等提供烟气或尾气污染物和CO_2一体化治理成套方案设计、工艺设计、设备供应和工程总承包。

具体发展模式如下：

吸收剂生产销售方面。吸收剂作为碳捕集产业中的必备消耗品，需求量大，我院已掌握溶剂生产核心技术，与上游生产企业深度合作代工生产模式；生产具有自主知识产权的新型高效溶剂；与下游销售代理公司合作，鼓励进行多样化深入合作，如知识产权入股，设备使用权占股等，打开溶剂销售市场；推动出台政策，鼓励产业公司优先使用华能自主或联合开发的吸收剂产品等。

加大合作产业化推广力度。系统梳理产业公司具有CCUS技术研发和应用成果需求的单位，对具有推广价值和成果转化的产品和技术等进行产业化布局。

加强全流程产能协作。与工程公司、设备制造企业等进行合作，建立成套系统与设备供应链，具备 EPC 能力和资质。

开展捕集消纳一体化服务。加强与 CO_2 利用、封存等消纳行业的合作，获得稳定的 CO_2 销售价格，保障 CCUS 全产业链盈利性能。

第七节 综合能源利用

随着新能源大规模接入，电力系统将呈现显著的“双侧随机性”和“双峰双高”的“三双”特征。为保证电力系统安全稳定高效运行，必须加速推进源网荷储一体化和多能互补发展，通过综合能源系统建设，保障大规模新能源顺利消纳。

一、重点技术方向

当前各大电力企业纷纷发布综合能源服务发展行动计划，从不同切入点积极稳妥地进入综合能源服务新业态，如国家电网、南方电网、华电、国家电投、华能等。在综合能源利用领域，未来重点技术方向包括系统设计与规划技术、高效储能技术、数字化智能化技术、智慧供热技术、系统运行优化技术等。

1. 系统设计与规划技术

系统设计与规划技术是综合能源系统高效运行的首要环节。与传统能源系统相比，综合能源系统是一种定制系统，其整体方案也是千差万别。针对不同区域的不同类型用户，由于资源和负荷条件的差异，能源价格和政策的不同，为保证综合能源项目的经济效益，以及后期安全稳定的运行，综合能源系统方案往往截然不同，科学的设计及规划，对于综合能源系统的经济性和正常运转至关重要。用户负荷特性分析技术和多能协同规划技术是该方向重点发展的技术。

在综合能源设计规划阶段，需要根据不同用户的负荷特征，结合当地资源条件、能源价格等信息，确定系统构成形式、装机容量和运行模式，为实际工程的开展提供支持和依据。在综合能源系统中涉及的负荷有冷负荷、热负荷、电负荷、热水负荷等。能源系统负荷动态特性的测算和选取，对于整个系统的初投资和运行经济性有着决定性影响。

多能协同规划技术以综合能源系统的综合评价指标（如投资成本、综合能源利用效率和碳排放量等）最优为目标，在满足各种能量、工程实际等约束的条件下，实现各种能源资源的最优分配，达成各种设备的最优组合。综合能源系统是一个具有多时间尺度、多种能源需求的复杂能源系统，其规划设计既要考虑系统内产能、换能、蓄能、用能等各个环节之间的相互依赖关系，又要考虑冷、热、电等多种能源流间的耦合与转供。不同能源之间互补利用方式包括时间互补和热互补。时间互补是指根据能源波动特性和调节能力，将能源供应从时间角度进行互补利用和重新分配；热互补是指将不同热能根据“温度对口，梯级利用”原则引入热力循环中适当位置，提升时间互补效果。多能协同规划技术将实现多种能源的系统互补和高效利用，对于提升能源综合利用效率、推动区域节能减排等具有重要意义。

2. 高效储能技术

（1）V2G技术。V2G是vehicle－to－grid（车辆到电网）的缩写，是指电动汽车给电网送电的技术。V2G技术的核心思想就是利用大量电动汽车的储能源作为电网和可再生能源的缓冲。V2G技术应用场景为当电动汽车不使用时，车载电池的电能销售给电网系统。如果车载电池需要充电，电流则由电网流向车辆。V2G技术优势包括以下几方面：

1）降低充电成本。在V2G双向充电技术运用下，电动汽车的动力电池相当于一个巨型移动充电宝。从车主及消费者的角度，在用电低谷时用较低的电价给汽车充电并储存电量，而在用电高峰期用较高的电价向电网输送电力，相当于“卖电”给电网，低谷和高峰期的电价差可以给车主带来一定的经济收益，从而进一步降低电动汽车车主的充电成本。

2）助力电网智能化转型。从技术层面来看，V2G技术是智能电网技术的重要组成部分，电动汽车充放电控制装置需要满足电动汽车和电网的信息交互功能，对交换能量、电网运行状态、电价信号、车辆信息、电池状态、费用等信息在两者间进行传递。

3）废弃车辆电池再利用。V2G将为废旧的动力电池组提供循环再利用的可能性。虽然随着电池性能的衰退，电池组将不足以支撑车主日常用车的需求，但通过V2G方式作为储能单元在电力消耗峰值期间逆向供电给电网，废旧动力电池组得以发挥余热。

（2）光储充一体化。首先，“光储充”一体化充电站使用的是清洁能源供电，通过光伏发电后储存电能。其次，“光储充”一体化充电站既能为电动汽车供应绿色电能，又能实现电力削峰填谷等辅助服务功能，可有效提高系统运行效率。最后，“光储充”一体化解决方案，将能够在有限的土地资源里建设发输配售一体化系统，通过能量存储和优化配置实现本地能源生产与用能负荷基本平衡。不仅如此，很多“光储充”一体化充电站的储能系统还采用了一些电动汽车上已经被淘汰的电池，实现了动力电池的梯次利用。从另一方面讲，如果梯次利用能够得到普及，这将极大地解决新能源汽车电池回收的问题。

“光储充”一体化微电网项目可以智能调节峰谷电价差，优先使用光伏板提供的电能，当光伏板电力不足时向储能电池取电，而储能电池存储的电不但可以来自光伏发电，还可以取自大电网谷时电能。这样的策略，一方面，解决了变压器容量问题，可以建设足够的充电桩；另一方面，大大降低了日常用电成本，减轻了企业的负担。这样的系统可以在离网与并网两种形式上智能切换运行。

（3）蓄热蓄冷。

1）蓄热。分布式储热技术的开发和利用能够有效提高能源综合利用水平，对于太阳能热利用、电网调峰、工业节能和余热回收、建筑节能等领域都具有重要的研究和应用价值。

储热技术可将热量储存于储热介质内部，并根据需要适时适量释放热量。储热技术可以分为显热储热、相变储热和化学反应储热，其中相变储热利用物质相态转变过程的能量吸收与释放，实现对周期性能源的存储和利用，其储能密度高于显热储热，且技术成熟度高于化学反应蓄热，具有体积小、设计灵活、温度可控等优点。大容量相变储热是未来实现电力系统和热力系统联合运行的一种主要储热方式。

配置蓄热装置使热电机组不受热负荷的限制而充分投入运行，使机组尽量处于高效运行状态，提高机组的调峰容量，为可再生能源提供大量的上网空间，提高电网的风电消纳水平，为企业和社会创造更高的利润。

2）蓄冷：蓄冷技术将冷量以显热或潜热的形式蓄存于水、冰等物质中，并根据需要适时适量释放。其中潜热蓄冷，即应用相变材料蓄冷的技术，以其储能密度大而具有较好的前景。随着人民生活水平的提高，空调的应用范围日益扩大，使得电力负荷昼夜峰谷差不断加大、用电高峰时电力短缺。为了解决这些严峻问题，国家出台政策鼓励夜间用电，实行峰谷电价差，这一政策推动了冰的固液相变蓄冷技术的发展。蓄冷技术是一种投资少、见效快的调荷措施，目前已成为许多经济发达国家积极推广的一项促进能源、经济和环境协调发展的实用系统节能技术。蓄冷方法有水蓄冷、冰蓄冷、共晶盐蓄冷及气体水合物蓄冷，其中水蓄冷设备占用空间庞大，而冰蓄冷储存相同冷量所需体积仅为水蓄冷的几十分之一，且蓄冷温度恒定。在综合能源系统中，可以利用光伏、内燃机等发出的电量或电网低谷期电量进行制冰并储存，待用电高峰期需要使用空调时，利用所制冰对空调进行供冷。

由于空调用电在电网中所占比例越来越大，从空调入手解决电网峰谷差问题是直接有效的，同时也非常适合水蓄冷。在综合能源系统中，水蓄冷可以作为数据中心的应急冷源、保证数据中心安全、可靠运行。水蓄冷空调系统的节能运行模式设计，可以有效地利用备用的冷水机组与应急蓄冷系统，减少白天制冷剂的运行时间，保证冷水机组运行在高效区间。而对于分时峰、谷电价差的地区，可以显著降低空调系统的运行费用，提高电能利用效率。

3. 数字化智能化技术

能源数字化技术旨在利用数字信息技术提升能源系统运行控制、市场交易等环节的智能化水平。随着“大云物移智链”等先进信息通信技术与能源系统的加速融合，将推动综合能源服务向信息物理深度一体化应用方向发展。重点关注的技术包括智能量测技术、数字孪生技术、大数据分析技术、基于物联网的智慧能源管控技术、能源区块链技术等。

智能量测技术是包括面向综合能源系统多类型数据高精度采集终端的研发、非侵入式负荷数据的检测与分解、基于测量数据的数字孪生技术、信息接口的统一化交互以及包含光纤通信、电力线载波和5G通信等的通信传输技术等多方面的关键技术，核心目的是通过泛在传感的大量布置，实现系统关键节点及各个设备物理信息量的实时监测，从而精确掌握系统各个节点及各个设备的运行状态。智能量测技术迫切需要在智能传感器、信息接口和信息通信等方面进行技术攻关，解决多元数据的实时精确采集、不同传感设备间通信以及信息实时高效传输的难题，为综合能源系统提供高效、安全和泛在的信息量测能力。

数字孪生技术是充分利用物理模型、传感器更新、运行历史等数据，集成多学科、多物理量、多尺度、多概率的仿真过程，在虚拟空间中完成映射，从而反映相对应的实体装备的全生命周期过程。数字孪生通过信息链接，能够实现对物理世界镜像映射、全域呈现、动态仿真，达到虚实联动的效果，从而辅助完成各种研究和管控。数字孪生技术已经成为智慧园区的关键技术之一，并且被逐步应用到园区的碳管理之中，其中比较典型的应用为园区能源管理方案，通过数字孪生应用技术可以在全息镜像的展示环境下，实现园区能源系统的系统规划、智能诊断和远程维护等功能。

大数据分析技术是基于智能量测技术采集的能量数据、运行数据、设备数据以及外界环境数据等多种类型的海量数据，利用大数据挖掘技术、人工智能等手段，对综合能源系统的运行状态以及能源供需态势进行深入分析，从而精确掌握综合能源系统运行状态以及变化趋势，找出能效薄弱环节。大数据分析技术迫切需要基于对底层数据挖掘算法的研究，在多能耦合转换关系分析以及用户的用能和交易行为分析等方面进行攻关，解决综合能源系统海量数据实时分析挖掘的难题，为综合能源系统的优化运行提供支撑。

基于物联网的智慧能源管控技术正在快速发展，智能量测、智能分析是实现智慧能源管控的核心技术。智能量测技术迫切需要在智能传感器、信息接口、信息通信等方面进行技术攻关，解决多元数据的实时精确采集、不同传感设备间通信以及信息实时高效传输的难题，提供高效、安全、泛在的信息量测能力。智能分析技术迫切需要在多能耦合转换关系分析以及用户的用能和交易行为分析等方面进行攻关，解决海量数据实时分析挖掘的难题。智慧能源管控技术是能源流和信息流高度融合发展的重要体现，推动综合能源服务业务以更加绿色高效的方式满足用户定制化、多样化需求，将成为未来综合能源服务的核心业务之一。

能源区块链技术是掌控海量分布式能源，支撑其互动互济、协同优化的重要技术。能源区块链技术迫切需要在智能合约、共识机制、加密算法等方面进行攻关，解决能源调度和交易等信息的分布式记录与存储、能源数据的广泛共享等问题，从而形成与综合能源系统供需相关的信用体系，促进综合能源交易的灵活开展及供需双方的高效协同。目前，能源区块链技术多应用于分布式发电交易、电动汽车充电交易、分布式能源管理领域，未来有望进一步扩展至碳交易、电动汽车分时租赁、能源资产安全化管控等领域。

企业应积极顺应数字革命潮流，推动能源行业智能化发展，促进能源信息的流动与共享，并充分发掘能源大数据作为新时期重要生产要素的价值，支撑能源系统动态优化。

4. 智慧供热技术

“互联网+”智慧能源是一种互联网与能源生产、传输、存储、消费以及能源市场深度融合的能源产业发展新形态，具有设备智能、多能协同、信息对称、供需分散、系统扁平、交易开放等特征，通过推进信息系统与物理系统在量测、计算、控制等多功能环节上的高效集成，实现能源互联网的实时感知和信息反馈，建设信息系统与物理系统相融合的智能化调控体系。伴随新一代信息技术的飞速发展，互联网、大数据和云计算等技术与各行业加速融合，“互联网+”智慧能源这一理念正呈现从第三产业向第二产业渗透、融合的趋势。

智慧供热是以供热信息化和自动化为基础，以信息系统与物理系统深度融合为技术路径，运用大数据、人工智能、建模仿真等技术，构建具有自感知、自分析、自诊断、自优化、自调节、自适应特征的智慧型供热系统。

围绕综合能源系统热负荷精确预测、能耗精细评价、热源调配方式优化等问题展开研究，开发以设备管理、建模仿真、状态监控、运行优化为基础的智慧供热综合管控系统，实现对供热系统的运行状态进行全面深入的分析，支撑供热系统的运行调度、检修维护及扩建改造的科学决策，最终实现供热系统的全面感知、精细管理与科学运维，提升供热系统的安全性、可靠性、经济性，提高生产质量、降低生产能耗。

城市热网正在由热力输配网转变为体量巨大、弹性良好的柔性能源互联网。对于这样一个复杂系统，其感知、预测、调度、分配与管理的要求已超出目前运营方式的能力，必须依赖智慧供热技术，才能实现负荷预测、多热源调度、热网智慧输配等一系列智慧运营要求，智慧供热建设势在必行。

5. 系统运行优化技术

综合能源系统中具有多种异质能流，即电、热、冷、气等的耦合，多种能流间还存在相互转换和作用，使得耦合更为复杂。此外，不同能流系统具有显著不同的动态过程，体现在不同的时间尺度上，其中电力系统的惯性最小，调节速度快，天然气系统次之，热力等系统最慢，由于多时间尺度的特点，使得不同能流间的相互作用变得进一步复杂。系统优化运行的核心是研究系统优化调控技术和需求侧响应机制，实现综合能源系统的多能互补和能源梯级利用。

系统优化调控是基于对供能与用能信息的采集和反馈来部署控制策略，协同调控多种供用能设备，在满足用能需求的同时，保证各类型能源系统的高效运转，实现综合能源系统的经济安全运行。系统优化调控技术的研究主要包括两方面：一是综合考虑多种异质能源的基本物理特性，研究不同异质能流的构成原理、转换规律和分配方法，提出综合能源系统的能量流计算方法；二是考虑综合能源系统中间歇性可再生能源发电、随机故障和需求响应价格信号灯不确定性因素，挖掘多类型能源的调控能力互补特性、储能特性，提出综合能源系统的优化调度方法。系统优化调控技术迫切需要在综合能源系统调度的信息化、自动化和智能化等方面进行攻关，提高优化算法的灵活性、稳定性和快速性，提升对系统分析预测的准确性，实现对综合能源系统的实时优化调度控制。

需求侧响应是刺激需求侧资源参与调度的关键措施，高质量的需求响应才能更好地保障能源系统的稳定运行，综合能源系统可集成多种形式的能源为需求响应带来新的发展。深度挖掘用户侧需求响应潜力，以响应量、响应速度、响应持续时间、响应频率、响应间隔时间、可响应性和响应通知时间等特性对可中断负荷、直接负荷控制等可调负荷响应特性进行评估；探索与市场化交易相结合的可控负荷多功能应用实施模式，设计适应削峰填谷、促进新能源消纳的交易品种；建立基于灵活价格和多元交易的需求响应服务方案，考虑灵活资源调用成本，研究合理的调用方式，制定可行的需求响应激励机制，引导需求侧灵活资源参与响应。

二、关键产品布局

1. 综合能源智慧管理平台

通过数字化智能化技术突破，在产业上进行产品化，形成综合能源智慧管理平台。基于园区冷、热、电等多种资源布局的基础，通过智慧综合能源管理平台，实现能源信息实时采集、高度融合和深入分析，平台具有分布式接入、需求感知、泛在物联，网络共享等特点，可实现能源产耗平衡的精准调控，同粗放式的人工调度策略相比更为精确。平台的功能包括智慧采集、能源监控、运维管理、能源调控、能源仿真、能源分析、基础支撑几个应用功能及安全防护点。在保证用能安全的前提下实施，形成一套数字化、网络化、智能化的绿色能源供应和管理系统。

综合能源智慧管理平台为用户提供智能调控、需求响应、价格预测、能源数据挖掘等多样化平台服务，形成园区内能源优势互补、互联共享的局面，实现园区能源生产与用户的负荷需求之间智能互动，平台可提升园区综合能源利用率 10%以上、降低综合运行费 10%以上。基于平台运行过程中的数据分析结果，建立针对系统能效薄弱环节的微增容-微改造的系统配置改进方案，研究基于多能源数据驱动的智慧综合能源系统调控方案动态修正技术，不断优化系统调控方案，提升系统调控方案与运行工况的匹配度，保障系统在经济、低碳与可靠方案的时效性。

推进“平台＋生态”建设，依托云平台建设打造电力供需预测、消纳能力计算、新能源大数据分析等子功能模块，为可再生能源设备与厂商管理、规划建设、运行管理等业务环节提供辅助决策支撑，打造共赢局面。

2. 综合能源系统控制器

通过数字化技术和系统运行优化技术的突破，形成综合能源系统控制器关键产品。综合能源系统控制器可实现含清洁能源、供应网络、多类型负荷的数据全景采集与远程控制等功能，形成有效的包括电、气、冷热多数据实时采集、数据清洗、数据过滤、数据边缘化处理方法，提供具备感知、传输、控制、容错功能的调控终端设备，引领相关领域的技术研发水平，搭建能源设备与智慧能源系统之间的纽带，为综合能源调控系统应用提供技术支撑，辅助实现综合能源调控的整体应用。

综合能源系统控制器主要负责能力管理优化控制，控制要求支持与系统级快速协调控制层的秒级交互控制与分钟级的能量优化控制。分钟级的能量优化调度主要完成 2 个任务：

一是制定综合能源系统运行计划。并网情况下，根据光伏风机出力预测、用户侧冷热电负荷需求、储能系统运行状态等信息，以提高系统综合能效为优化目标，滚动优化制定运行策略；离网情况下，以运行稳定性为首要目标，考虑负荷控制、光伏风机出力控制，实现系统离网的可靠稳定运行。

二是制定备用功率计划，确保系统供能容量充足，保证系统安全运行。

综合能源系统控制器不直接和设备级控制层进行交互控制，而是通过和 DCS 系统进行数据交互完成对设备的优化控制，最终达到协调规划、优化运行、协同管理、交互响应和互补互济的目的。

三、产业化发展路径

1. 提供综合能源一体化解决方案

综合能源服务方案是在一定区域及范围内，全面考虑用户端能源消费特征，依托微网端、分布式能源端的智能控制系统，提供满足用户包括电、热、冷、气等在内的多种能源需求的用能方案。开展综合能源业务战略规划，整合不同能源行业的力量，强化科研产业单位的支撑，合理推动综合能源的发展。积极开拓综合能源供应市场，以智能化能源生产、能量储存、能源供应、能源消费和智慧化管理与服务为主线，向终端用户提供综合能源一体化解决方案。

综合能源典型应用场景包括智慧城市型、产业园区型、集群楼宇型和能源基地型。综合能源方案是量体裁衣式，创新能源消费方式，利用需求的多样性和差异化，实现用能需求的互补和智慧高效用能。针对各类典型场景的用能需求，形成标准化、模块化、菜单式服务体系，提供不同场景的一体化解决方案，促进项目批量化规模化开发。

2. 推动综合能源示范项目落地

推动典型应用场景下的综合能源项目示范，形成可具推广价值的综合能源系统模式。探索综合能源项目开发模式，因地制宜，结合当地的资源禀赋及用户用能需求，设计并建设综合能源示范项目，为用户提供电、热、冷、气等不同形式的能源。综合能源项目主要针对一定范围的有用能需求的区域，区域范围可以是城市、园区或商业体、大学、医院等。

综合能源示范项目的基本原则包括：聚焦市场，以市场化发展为方向，优化资源配置；面向用户，以用户需求为导向，满足用户个性需求；创新驱动，通过管理与技术创新，激发活力；清洁发展，清华节能意识，努力降低能源消耗，提高环保水平；因地制宜，实现能源的就近开发与消纳，提高资源利用效率；智慧控制，实现对生产、输送、供应和使用全过程的智能管理控制；集散有序，坚持电热冷气水等集中综合开发；多元合作，可以发电企业、天然气和煤炭企业、电网公司、地方政府平台公司、综合能源需求企业、大用户、产业基金等主体多元投资，合作共赢。

以多能互补为中心的综合能源系统理论在实践和研究过程中，各子系统通过大量的异质元件耦合，耦合元件在不同的管理模式、运行场景和控制策略下相互影响，呈现不同的电气、热力、水力特性，对所耦合的能源系统产生强烈的非线性、不确定的影响。为进一步提高用能效率，促进多种新能源的规模化利用，多种能源的源、网、荷深度融合和紧密互动又是未来能源系统发展的必然趋势。综合能源系统示范项目是该技术走向产业化应用的关键基础，需要进行跨领域合作，共同推动综合能源系统示范项目的落地实施。

3. 推广多元化综合能源服务业务

依托综合能源系统，开展综合能源服务。综合能源服务产业链条长、市场主体众多，需要充分融入互联网思维理念打造新业态。构建综合能源服务业态的核心是围绕用户节能降本增值的高品质能源服务需求，通过“综合能源服务—互联网”嫁接互联网技术，重塑价值链和产业链，打造跨界融合、线上线下结合，集能源、信息、金融等要素于一体的新业务组织形态。各类主体通过互联网平台实现线上信息交换和供需匹配对接，通过混合所有制、产业联盟等方法实现线下资源整合和业务落地开展，共同打造“共建、共享、共赢”的综合能源服务生态。综合能源服务的未来产业化发展趋势将主要体现在：①以需求为导向、以客户为中心；②跨界融合、协同发展；③不同项目、不同模式。可开展的综合能源服务业务包括以下几方面：

（1）协同供能服务。协同供能服务是在电力市场环境下形成的新业务模块，原有的业务虽有能源供应，但均是单一的能源供应模式。该模式是协同多种分布式能源，融通电网、热网、气网，将燃气、冷、热、电、氢等能源的不同组合产品销售给用户。具体包括：电和气的协同供应，电、热、冷的协同供应，电、气、热、冷的协同供应，气、热、冷的系统供应等多种服务，能够弥补能源供应的单一性，有利于多种能源协同优化，降低成本。在综合供能的基础上，整合储能设施及电气化交通等要素，通过天然气冷热电联供、分布式能源和能源智能微网等方式，结合大数据、云计算、物联网等技术，积极推动可再生能源一体化供应，提供冷热电多能协同供应和能源综合梯级利用。

根据用户能源需求特征，积极开展园区内协同供能服务。通过细分客户群体特点及消费规律，为用户提供多元化、个性化和套餐式用能服务，如提供季节性、时段性、定制式电价套餐等。为用户制定用能品种和时段优化方案，在满足客户用能需求的同时，最大限度降低能源生产与消费成本，提高能源系统效率。

（2）智慧供热服务。从功能角度看，智慧供热服务主要包括智慧运营、智慧管理和智慧监管三个部分。

1）智慧运营指整个供热系统从热源、输配到用户的整体的智能化运行，包括系统数据上传及筛选、锅炉的集中控制、负荷预测、供热量的控制、辅助制定最佳运行方案、用户调控、故障预警、故障诊断、能源利用分析、热力平衡分析、系统健康诊断等；

2）智慧管理指从供热企业人、财、物的管理上实现信息流通和整合，建立一整套的企业信息化、数字化管理平台，将企业各类的经营运行数据进行收集，提供设备管理、移动应用和智慧巡检服务。

3）智慧监管及评价智慧监管是政府部门通过数字化手段实现对供热行业的能耗、投诉、供热质量的监督和管理。通过智慧供热平台，向政府提供供热能耗数据，使主管部门掌握本行业用能情况，以制定相关的政策。能源站的实时能效与国家、地方、企业各级指标对标，并支持在不同时间维度对能效水平进行计算、分析和评价。

随着城市集中供热系统日趋综合与复杂，特别是多热源复杂热网的出现，智慧供热成为必需，其功能综合体现于智慧供热管理平台。智慧供热管理平台的优势在于，数据与信息的全面监控与收集，这使得平台打通了数据孤岛，成为集中供热系统的数据中心。在此基础上，对数据的整理、展示、计算与交叉分析，可以从多个角度提升热力管理的智慧程度，最终实现“看得全、理得清、算得准、管得顺”的效果。

（3）燃煤电厂服务。煤电作为实现“30·60”双碳目标和构建新型电力系统的重要环节，通过建设综合能源系统，发挥煤电稳定可控优势，促进煤电多能互补及多元发展，推动煤电支撑新型电力系统清洁低碳、灵活高效、安全可控发展，实现煤电清洁高效利用。

1）燃煤电厂综合能源服务。以生态共享型燃煤电站为中心，在向周边城市、乡村、大型工业园供给“电、热、冷、汽、水、氢”等综合能源的同时，通过燃煤锅炉的高效燃烧，消纳周边各类生产生活固体废弃物，如生活垃圾、市政污泥、工业污泥、废弃油泥、制药残渣、医疗废物等。同时，结合地方禀赋及区域发展需求，开展冷链物流仓储、数据中心、海水淡化、储能联合调频等“定制化”服务，满足城镇民生高品质生活和企业清洁稳定发展需求，缓解区域资源供需矛盾，平衡调剂网源需求。

2）火电灵活性改造服务。火电灵活性改造服务主要包括：

提升新建煤电机组调节能力：对于新建煤电机组通过主辅机设计优化，降低新建煤电机组最小技术出力水平，新建供热机组供热期最小技术出力不超过35%，新建煤电机组纯凝工况最小技术出力不超过25%。

现役煤电机组灵活性改造：基于余热利用、热电联供、高效储热等装置，开展煤电机组的余热深度利用、能量梯级利用和热电联产改造，并有效引导、鼓励煤电机组进行灵活性改造并参与辅助服务市场。通过煤电机组技术装备和经营管理层面的提升，推动煤电节能高效发展，充分发挥煤电支撑新型电力系统灵活高效发展的价值定位。

燃煤电厂与新能源多能互补发展：新建煤电项目，按照国际国内同类型先进机组调峰能力指标设计建设，综合运用“云大物智移”先进技术，优化各类电源与储能配比，打造高端、智能、绿色多能互补型智慧电厂；存量煤电项目，依托实施灵活性改造后新增的调峰能力，优化配置一定规模新能源，在不占用大电网公共调峰资源的基础上，实现“风光火储一体化”发展；外送煤电基地，依托配套煤电项目实施灵活性改造，提高新能源外送电量占比。其中，新建外送煤电基地原则上新能源外送电量占比不低于50%，存量外送通道配套的煤电项目要结合通道的送电能力、新能源资源以及接入等条件合理确定新能源配置规模。

通过煤电合理高效地参与多能互补，发挥煤电在多能互补中稳定可控优势，实现不同能源之间优势互济，最终促进新能源高效消纳，充分体现煤电支撑新型电力系统清洁低碳发展的价值定位。

（4）节能改造服务

1）节能改造服务内容。基于能源互联网中海量数据，充分了解用户形式多样的能源诉求，有针对性地为用户定制创新的能效提升方案，实现不同用户的节能减排和电能成本降低，同时发挥维稳等其他增值作用。依托能源（电、气、热等）网络为客户广泛开展能源诊断、用能监测、节能改造等综合能源服务，包括但不限于能效管理、电机系统节能、建筑节能改造、余热余压利用、绿色照明等。

余热余压利用项目。在钢铁、建材、化工等高耗能行业，改造和建设纯低温余热发电、压差发电、副产可燃气体和低热值气体回收利用等。

电机系统节能项目。电机系统节能主要包括更新淘汰低效电动机及高耗电设备；节能电动机概念和技术，合理匹配电动机系统，提高电动机效率；以先进的电力电子技术传动方式改造传统的机械方式，实现被拖动装置控制和设备制造；推广软启动装置、无功补偿装置、计算机自动控制系统技术、优化电动机系统的运行和控制。

建筑节能改造项目。建筑节能具体指在建筑物的规划、设计、新建（改建/扩建）、改造和使用过程中，执行节能标准，采用节能型的技术、工艺、设备、材料和产品，提高保温隔热性能和采暖供热、空调制冷制热系统效率，加强建筑物用能系统的运行管理，利用可再生能源，在保证室内热环境质量的前提下，增大室内外能量交换热阻，以减少供热系统、空调制冷制热、照明、热水供应因大量热消耗而产生的能耗。

能源系统优化项目。推广软启动装置、无功补偿装置、计算机自动控制系统等，通过过程控制合理配置能量，实现系统经济运行。

绿色照明改造项目。使用节能灯具替换传统灯具，达到节约能耗的效果。

2）节能服务运营模式。节能改造项目运营模式有节能效益分享型、能源费用托管型、节能量保证型、融资租赁型和混合型。

节能效益分享型。在项目期内，用户和节能服务公司双方分享节能效益的合同类型。节能改造工程的投入按照节能服务公司与用户的约定共同承担或由节能服务公司单独承担。项目建设施工完成后，经双方共同确认节能量后，双方按合同约定比例分享节能效益。项目合同结束后，节能设备所有权无偿移交给用户，以后所产生的节能收益全归用户。

能源费用托管型。用户委托节能服务公司出资进行能源系统的节能改造和运行管理，并按照双方约定将该能源系统的能源费用交节能服务公司管理，系统节约的能源费用归节能服务公司的合同类型。项目合同结束后，节能公司改造的节能设备无偿移交给用户使用，以后所产生的节能收益全归用户。

节能量保证型。用户投资，节能服务公司向用户提供节能服务并承诺保证项目节能效益的合同类型。项目实施完毕，经双方确认达到承诺的节能效益，用户一次性或分次向节能服务公司支付服务费；如达不到承诺的节能效益，差额部分由节能服务公司承担。

融资租赁型。融资公司投资购买节能服务公司的节能设备和服务，并租赁给用户使用，根据协议定期向用户收取租赁费用。节能服务公司负责对用户的能源系统进行改造，并在合同期内对节能量进行测量验证，担保节能效果。项目合同结束后，节能设备由融资公司无偿移交给用户使用，以后所产生的节能收益全归用户。

混合型。由以上四种基本类型任意组合形成的合同类型。

(5) 能源托管服务。能源托管服务一般是指综合能源（包括电力、燃气、冷热等）的综合服务，其中包括工程服务、投资服务和运营管理，资金、资源和技术占主导因素。在综合能源服务发展的趋势下，综合能源服务的理念已深刻融入能源托管业务中。当前的能源托管服务项目已成为面向用能单位提供智慧能源管理、机电运维托管、设备管理、能源费用托管、用能规划咨询、节能技改、多能互补能源站建设与运营的一站式设备与能源综合管理的综合能源服务解决方案。基于能源托管模式的综合能源服务解决方案具有规划系统、覆盖全面、责任清晰、持续优化、互利双赢等特点。

能源托管的优势在于提供专家型的管理服务，对能耗企业的能源购进、消费、设备效率、生产方式以及能源管理和设计中存在的问题进行逐一排查，理顺能源在消费过程中的各个环节，进而提出解决办法和达到的长短期目标。对用能单位能源托管运维服务，通过从能源系统云平台的建立驱动精细化运维管理，减少人力成本，通过用能侧精细化管理及节能技改手段等最大程度降本增效。

本 章 小 结

作为发电行业央企，华能集团主动承担能源清洁化发展的重任，规划在“十四五”期间发展 8000 万～1 亿 kW 的清洁能源，确保到“十四五”末清洁能源装机占比达 50%以上。为了支撑这一宏伟目标的实现，华能已经在风电、光伏、储能、氢能、CCUS、综合能源等多个方面进行了技术积累与产品布局，开发并应用了以全国产化 5MW/7MW 风机、光伏华能“黑板”、超高效率钙钛矿电池、分散式管控储能系统、低电耗电解制氢系统、COAP 碳捕集系统为代表的重要产品，一些产品处于中试阶段（如 COAP、氢能），一些产品已经实现产业化（如光伏“黑板”），一些产品正在探索商业化路径（如电池储能）。

华能科技项目、应用市场给相关先进技术培育、孵化提供了保障，随着新能源的发展，这些技术与产品将得到进一步完善，有望在未来得到重大突破，逐渐从技术走向产品、从产品走向产业。

华能集团的技术成果与研发应用经验，可为能源电力行业未来发展提供借鉴。

第三章

保障实现技术与产业突破的相关建议

以风电、光伏为主的清洁能源将成为碳达峰、碳中和道路上的“主旋律”，储能、氢能、碳捕集等产业将是重要的“协奏曲”。为顺利构建新型电力系统，助力早日实现碳达峰、碳中和宏伟愿景，建议能源电力企业在“十四五”期间重点在以下三方面予以保障。

一、科技政策支持

1. 构建科技创新体系

（1）科学制定科技发展规划与动态调整机制。定期（如每两年）对支撑发展的重要科技方向进行论证，确定该阶段内重点发展方向，明确各方向研究内容。每年组织科技项目申报时，对规划内研发方向，不再论证研究必要性，评审研发团队实施可行性后，尽快立项，并指定区域公司应用示范。同时，设立动态评估机制，对规划内方向技术成果进行鉴定评审，对规划外方向进行定期跟踪评估，动态调整规划范围。

（2）加强科研经费统筹管理力度。为提高能源电力企业整体科技经费使用效率，提高经费投入效能，强化经费统一收集管理，重点支持规划范围内及急需突破的技术研究，部分费用由研究推广单位管理，结合各单位科研、技改需求有序投入。

（3）加大颠覆性技术及引领性示范项目的规划部署。明确与国家发展相一致的颠覆性技术发展原则、思路与技术路线图，制定重大专项与重点研发计划，并根据新情况、新变化与新趋势定期调整，提高能源电力企业应对形势变化的主动性和适应性，打造新能源领域多个原创技术策源地。同时，以示范项目为依托，提炼新技术发展模式与路径，探索技术应用新业态、新模式，提炼可复制、成本低、效果好的先进经验，充分发挥技术创新对能源电力企业发展的促进作用，推广“首台套”应用。

2. 构建产品创新体系

产品是技术到应用的必然过程，优质产品是体现技术先进性、市场适应性的重要媒介。建议能源电力企业构建产品创新体系，在支持先进技术产品化探索、成熟技术产品化推广与迭代方面，与科技创新体系平行执行；在科技创新规划内研究方向方面，与科技创新体系顺畅执行，即规划内研究方向取得突破后，直接获得产品化支持，尤其支持引入科创基金，对前沿技术探索产业化进行支持，允许一定失败率，打消科研人员从技术迈向市场过程中的疑虑。

结合能源电力企业所在地区资源禀赋、发展情况，设立先进技术、产品实证基地，对产品创新体系支持下孵化的产品进行实际验证，对优质产品进行产业化与商业化推广，对非优质产品进行技术溯源，找到技术缺陷，通过科技项目进行突破与升级。

3. 构建开放合作体系

（1）加强能源电力企业产研用合作。加强对科技创新进行统一管理，由能源电力企业中研究院负责重大技术研发、示范以及推广应用，立足于基础科学、创新性技术和应用技术研发，建设更高水平的国家级建设平台，各电力企业的产业公司做好项目的示范与推广，基层企业做好配合工作并充分发挥好在实践中创新的作用，在能源电力行业形成产研结合、布局合理、定位准确、职能明确、功能互补的科技创新组织体系。

（2）加强开放式科技创新合作。一方面，充分利用国内的外部创新资源，在创新链的各个阶段与国内不同合作伙伴多样化地开展合作，进一步提升科技创新效率；另一方面，紧密结合国家战略，跟踪国外先进能源技术，建立全球信息渠道，加强国际合作，采用引进来与走出去相结合的方式，促进相关技术的引进、消化、吸收，实现知识产权自主化，提升国产化水平和市场竞争力。

（3）加强知识产权共享式合作。在国资委“培育高价值专利”的政策指引下，能源电力企业专利质量和数量不断提升。专利的高质量发展，一方面，展现了科技创新的累累硕果；另一方面，为行业的高质量科技引领积蓄了强大的内动力。如何利用好这股内动力，盘活已有知识产权是当下需要考虑的问题。

建议由能源电力企业下属研究院、知识产权机构对现有专利技术进行整理和分类，请专业技术团队研判未来可资利用的技术保护点，梳理所有权人关系网络，出台知识产权共享合作制度，对各公司内部单位，优先推行专利技术与产品共享，对各公司外部单位，积极推进专利技术产品化、产业化合作，切实发挥好现有专利的技术价值。

4. 构建知识产权标准体系

建议各能源电力企业实行技术研发、工程示范、知识产权三者同步发展机制，尤其对核心技术、重点工程，加强专利群布局，对每个技术点及相关技术打包申请专利，对每个软件系统分项功能单独申请软件著作权，实现知识产权质量与数量引领。在重点领域（如风电、光伏、储能、氢能等）深挖国际标准、国家标准、行业标准空白，联合国内行业内龙头企业，共同制定相关标准，掌握标准化发展话语权；大力推行标准国际化，加快与国际接轨步伐，构建与国际接轨的国际标准与认证服务体系，形成以标准促进技术创新、以技术带动标准进步的“共生效应”。

通过知识产权标准体系建设，构建完备的技术创新与标准协调发展机制。

5. 构建科研人才发展体系

新能源及相关领域具有较强的多学科交叉特点，对掌握多专业技术的复合型人才要求极高，需要打破传统学科界限，打造跨行业、跨部门、跨单位、强强联合的优秀团队，形成完善的人才培养体系和选拔机制。为此建议：

一是能源电力企业与国内外一流大学、科研院所开展联合培养计划，校企联动，打通理论与实践的鸿沟，定向培养符合华能发展需求的人才；二是把人才培养和团队建设作为科技计划管理的重要内容，成为项目立项论证、实施绩效考评的重要指标，在科技计划中专门设立针对高层次创新人才和创新团队的资助项目，支持自主选题，自由探索；三是创新科技人才评价和激励机制，健全以创新能力、质量、实效、贡献为导向的科技人才评价体系，健全科研机构岗位绩效工资制度，对科技人才实行多种分配方式，确保优秀科技人才收入维持在较高水平。

二、市场机制保障

1. 加强内部市场支持力度

各能源电力企业的内部应用市场是原创技术的第一块试验田，是原创技术走向成熟的孵化器，是原创技术实现行业引领的奠基石。针对各能源电力企业原创技术、领先产品，建议优先提供一定份额内部市场，支撑验证技术、打磨产品，提高面向全行业的能力，最好做到“扶上马再送一程”的工作。

2. 探索体制机制改革

新能源产业中，以私营企业居多，主要设备的生产，往往掌握在大型私企手中，部分先进技术、高性能部件由一些小而精的企业掌握，大型能源央企主要是终端用户的角色。为了适应新能源技术、产业极为灵活的发展特点，建议各能源电力企业在相关政策允许范围内，探索性突破相关体制机制，如尝试涉足关键设备的制造，将技术与产线相结合；如尝试入股/收购掌握先进技术的初创公司，以市场优势进行扶持；如将相关技术市场发展，给予初创团队一定股权与话语权，引入科创基金、外部资本，鼓励团队在行业内充分竞争，努力做成混改的样板。

三、金融资本支撑

1. 坚持“科技引领，金融支持”的发展原则

新能源产业发展具有较强的技术驱动特点，在发展上要将自主研发和市场发展相结合，立足各能源电力企业下属研究院的自主研发和经验积累，提升新能源产业内功和实力，对于行业急需但尚未形成的新能源产业技术及资源，可通过金融投资或并购整合进行支持。对于前沿技术产品，可通过科创基金予以孵化；对于离市场化较近的技术产品，引入外部资本，成立并孵化市场化载体，支持逐渐“扔掉拐杖”市场化发展。

2. 搭建专业化、市场化运营平台

（1）成立专业化开发运营公司。依托技术创新团队，按照行业内相关科技成果转化政策，由各能源电力企业、科创基金及核心团队共同出资，以市场化方式发起专业的技术研发、产品开发、项目建设等一体化的开发运营公司，承担该技术产业平台发展任务。该公司初期以各能源电力企业市场为主，未来拓展到面向全社会各类主体提供市场化服务。

（2）发起设立产业投资并购基金。以行业内资本、投资相关金融公司为主，发起成立新能源产业（可具体到某一技术领域）投资并购基金，发挥资本市场优势，积极参与产业上、中、下游，以股权方式投资产业链优质企业，提高能源电力企业在该领域的影响力和话语权，促进产业链健康发展，保障在该领域产业链供应安全，为能源电力企业担任该领域产业链链长做好服务支持。

本章小结

重点技术、产业的突破离不开各能源电力企业的科技政策支持、市场机

制保障和金融资本支撑，为保障未来能源电力行业各项突破性技术产业健康有序发展，一是建议各能源电力企业尽快构建科技创新体系、产品创新体系、开放合作体系、知识产权标准体系和科研人才发展体系；二是建议加强各能源电力企业市场支持力度、探索体制机制改革；三是建议坚持“科技引领，金融支持”的发展原则，搭建专业化、市场化运营平台。通过上述措施，有助于能源电力企业在各技术、产业发展上争当产业链链长。

第四章

结论与建议

本书系统性调研、分析了能源电力科技领域发展现状与2035年发展趋势，深入梳理华能集团“十四五”期间能源电力科技发展重点方向，对其中可能出现的重大突破技术、产品、产业进行预判，提出相关保障性措施，为未来能源电力企业发展提供借鉴。相关结论建议如下：

一、研究结论

1. 以新能源为主的清洁能源是未来全球能源发展的主要方向

为应对气候变化、能源安全等挑战，主要发达国家均将能源清洁低碳利用作为能源转型的发展方向，我国也针对“碳达峰，碳中和”目标，确立构建以新能源为主体的新型电力系统的目标，绿色、清洁、低碳发展成为全球能源领域的发展共识。

2. 将在新能源及相关方向实现重大突破

目前，华能集团已在风电、光伏、储能、氢能等领域积累了深厚的技术基础，在部分领域（如储能）进行了产品化与工程化探索应用。“十四五”期间，华能集团将继续在风电、光伏等新能源重点方向发力，发挥原创技术策源地（如海上风电、CCUS）、创新联合体（如钙钛矿）的引导作用，有望突破一系列卡脖子难题，将一些先进技术产品化，进而推向市场，充分发挥央企引领作用。

二、发展建议

1. 锚定目标，加强全产业链布局

新能源是“十四五”期间最重要的发展方向，是我国实现全面领先、全方位引领的重要抓手。建议能源电力企业坚持走以风电、光伏为主的新能源产业方向，加强与主要设备厂家的合作，发挥技术创新与央企终端用户优势，逐步涉足风电、光伏产业，提高对上游产业链的影响力。同时，建议能源电力企业放手布局新能源相关产业（如储能、氢能），从技术、产品、产业、市场、金融等多个维度，同步推进，布局全产业链，确保我国在新能源领域的话语权。

2. 上下一心，提供全方位保障

在新能源发展的指挥棒下，建议各能源电力企业、科研院所、金融公司上下一心，形成合力，从科技政策、体制创新、金融资本三个纬度，对相关技术突破、产品布局、产业发展进行全方位保障，为国家构建新型电力系统贡献力量。

参 考 文 献

[1] 全球碳捕集与封存研究院:《全球碳捕集与封存现状 2020》, 2021.

[2] 邢力仁, 武正弯, 张若玉. CCUS 产业发展现状与前景分析 [J]. 国际石油经济, 2021, 29 (08): 99 - 105.

[3] 李鹏程, 梁金莺, 江志华, 刘渊. 丽水 36 - 1 气田 CO_2 回收利用技术研究 [J]. 广东化工, 2017, 44 (01): 68 - 69.

[4] 生态环境部环境规划院.《中国二氧化碳捕集利用与封存 (CCUS) 年度报告 (2021)》, 2021.

[5] Global Wind Energy Council.《Global Wind Report 2021》, 2021.

[6] 欧盟委员会.《海上可再生能源战略》, 2020.

[7] 北极星电力网. 美国发布海上风电目标: 到 2030 年装机达到 3000 万 kW [EB/OL], 2021, https: //m. bjx. com. cn/mnews/20210524/1154132. shtml.

[8] 国际能源署.《2020 年全球光伏报告》, 2021.

[9] 中国光伏行业协会.《中国光伏产业发展路线图 (2020 年版)》.

[10] 苏州腾晖光伏技术有限公司.《平价上网时代的"组件+电站"综合解决方案》, 2019.

[11] 英国商业、能源和工业战略部 (BEIS).《英国氢能战略》, 2021.

[12] 德国联邦经济和能源部.《国家氢能战略》, 2020.

[13] 中关村储能产业技术联盟 (CNESA).《储能产业研究白皮书 2022》, 2022.

[14] 国际能源署.《世界能源展望 2019》, 2019.

[15] 胡永乐, 郝明强. CCUS 产业发展特点及成本界限研究 [J]. 油气藏评价与开发, 2020, 10 (03): 15 - 22+2.

[16] 米剑锋, 马晓芳. 中国 CCUS 技术发展趋势分析 [J]. 中国电机工程学报, 2019, 39 (09): 2537 - 2544.

[17] 秦积舜, 李永亮, 吴德彬, 翁慧, 王高峰. CCUS 全球进展与中国对策建议 [J]. 油气地质与采收率, 2020, 27 (01): 20 - 28.